KB099819

영어로 읽는 속담 설화 30

The Tale of Korean Proverbs 30 in English

영어로 읽는 속담 설화 30
The Tale of Korean Proverbs 30 in English

초판 1쇄 인쇄	2014년 10월 20일
초판 1쇄 발행	2014년 10월 27일

글	김 혜 경	번역	김민준, 김민성
펴낸이	손 형 국		
펴낸곳	(주)북랩		
편집인	선일영	편집	이소현, 김아름, 이탄석
디자인	이현수, 신혜림, 김루리, 추윤정	제작	박기성, 황동현, 구성우
마케팅	김회란, 이희정		
출판등록	2004. 12. 1(제2012-000051호)		
주소	서울시 금천구 가산디지털 1로 168, 우림라이온스밸리 B동 B113, 114호		
홈페이지	www.book.co.kr		
전화번호	(02)2026-5777	팩스	(02)2026-5747

ISBN 979-11-5585-367-2 03710(종이책) 979-11-5585-368-9 05710(전자책)

이 도서의 국립중앙도서관 출판예정도서목록(CIP)은 서지정보유통지원시스템 홈페이지(http://seoji.nl.go.kr)와 국가자료공동목록시스템(http://www.nl.go.kr/kolisnet)에서 이용하실 수 있습니다.
(CIP제어번호 : CIP2014030007)

영어로 읽는 속담 설화 30

The Tale of Korean Proverbs 30 in English

김혜경 글 / 김민준 · 김민성 번역

북랩 book Lab

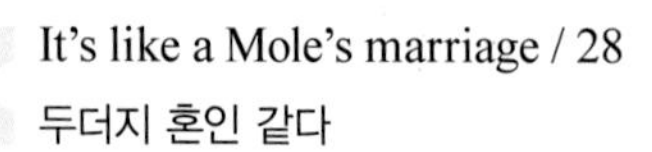

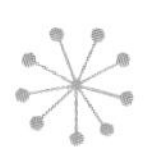

차례

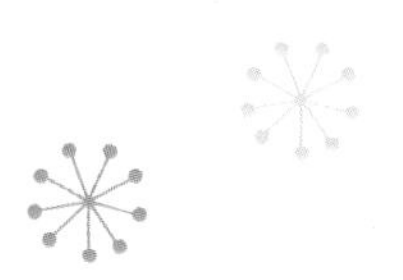

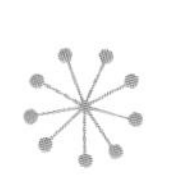

Lobsters stick with crabs

Long, long ago in the deep blue sea, there was a town of shrimps that lived in harmony. One day, however, shrimps came together to discuss who out of the bunch was the best shrimp in the entire sea. Talking turned into bickering and bickering turned into an all out fight! When a shrimp was tackled by another, its eyes popped out away from its body! Then another shrimp got its tail crimpled when it was stomped on! Another got its ears stretched and its back crumpled. And so the fight went on, mutilating shrimps into strange creatures we now know as crabs and lobsters. Eventually, those who remained as shrimps became afraid of the new creatures, and went on their way living out their lives in the shrimp town. One day, a group of fish attacked the shrimp town. The shrimp reached out to crabs and lobsters for help. “We were once family! Please help us!” begged the shrimps. Crabs and lobsters did not help. However, when crabs needed help, lobsters came to the rescue. When lobsters needed help, crabs come to the rescue. This is where we get our proverb, “Lobsters stick with crabs.”

Meaning

We use this expression to note situations where like people or things gang together.

가재는 게 편이다

옛날 옛적에 어느 바다에 새우들이 나라를 이루어 살고 있었다. 새우들은 신분이 높은 귀족이어서 그들을 공격하는 물고기들이 없었다.
그러던 어느 날 새우들 사이에 싸움이 일어났다. 서로 자기가 더 높은 귀족이라고 잘난 척을 하다가 싸움이 일어난 것이다. 새우들끼리 서로 싸우면서 새우 한 놈은 머리를 들이받아 머리가 가슴 속으로 들어가고 두 눈은 쏙 나오게 되었다. 또한 허리는 바위에 부딪혀서 배 속으로 오그라져 들어가게 되었다. 다른 한 놈은 다른 놈과 부딪쳐 뒤로 곤두박질치다가 꼬리가 꼬부라졌다. 또 다른 한 놈은 중간에서 싸움을 말리다가 귀가 늘어지고 허리를 펴지 못했다.
이 싸움으로 새우들은 가재와 게로 바뀌어 버렸다. 이렇게 새우들 중에서 일부가 가재와 게로 바뀌자 이때부터 새우들의 힘이 약해졌다. 그러자 다른 물고기들이 시도 때도 없이 새우들을 공격해왔다. 물고기들의 공격은 점점 거세졌다. 새우는 물고기들의 공격을 막을 수 없었다. 그래서 가재와 게를 불러 도움을 청했다.
"우리가 모습은 조금 다르지만 같은 할아버지를 둔 형제이니 물고기들이 공격할 때 서로 돕는 것이 어떠냐?"
그러나 가재와 게는 새우의 제안을 거절했다. 오래전 싸움으로 생긴 앙금이 아직도 마음속 깊이 남아 있었기 때문이었다.

하지만 가재와 게는 다른 물고기에게 공격을 당할 때나 어려운 일이 있을 때 서로 힘을 합하게 되었다. 이 이야기에서 '가재는 게 편'이라는 속담이 유래했다.

의미

서로의 모양이나 형편이 비슷하고 인연이 있는 것끼리 잘 어울리고, 사정을 봐 주며 감싸주기 쉬움을 비유적으로 이르는 말이다.

A pear drops as soon as a crow flies from the tree

Long ago deep in the mountains, there sat a priest meditating on a big stone. Suddenly, a deer that had been struck by an arrow came galloping to the priest and said "My dear priest, there is a hunter trying to kill me. Please help!" The priest, grabbing his own set of arrows, showed the deer to a hiding spot. Few minutes later, the hunter passed by and saw the priest. "Have you seen a deer come by?" asked the huntsmen. The priest lied and told the hunter that he had not seen the deer. At that moment, the hunter noticed the priest's hands dripping with blood. However, before the hunter could say anything, the priest continued, "A crow once flew by a tree branch, and dropped a pear on a snake's head. This killed the snake. Well, later on the snake was reborn as a pig and the crow as a chicken. One day, the pig was hungry so it started to dig for arrowroot. While digging, it triggered a stone that rolled down the mountain and killed the chicken that was eating. Reborn again, the chicken became a hunter and the pig became a deer. This is called the cycle of the birth system. If you kill this deer, it will come for

you perhaps not in this life, but certainly in the next." Upon listening to the priest's story, the hunter gave up his chase and went on back home. From this story, we get our proverb "A pear drops as soon as a crow flies from the tree."

Meaning

People can get suspicious over things that have no correlation just because they were taken place at the same time coincidently.

까마귀 날자 배 떨어진다

옛날 옛적에 한 스님이 산 속 바위에 앉아 참선을 하고 있었다. 그런데 화살을 맞은 노루 한 마리가 피를 흘리며 도망쳐 왔다.

"스님, 사냥꾼에게 쫓기고 있으니 제발 살려 주세요."

노루는 눈물을 흘리며 애원했다. 그러자 스님은 노루 몸에 박힌 화살을 뽑아낸 후 노루를 장삼자락 안에 감춰주었다. 잠시 후 활을 든 사냥꾼이 스님에게 물었다.

"스님, 화살에 맞은 노루 한 마리가 이곳으로 지나가지 않았나요?"

스님은 모른다고 대답했다. 그러나 사냥꾼은 스님의 손에 묻은 핏자국을 발견하고 스님에게 따져 물었다.

"스님 손에 묻은 핏자국은 무엇입니까? 노루를 숨겨주신 것 아닙니까?"

그러자 스님이 사냥꾼에게 말했다.

"노루를 찾지 말고 내 말을 잘 들어보게. 까마귀 한 마리가 배나무에 앉아 배를 쪼아 먹다가 날아갔는데, 바로 그때 배나무에서 썩은 배가 떨어졌고, 떨어진 배는 배나무 아래에서 졸고 있던 뱀의 머리에 맞았다네. 뱀은 머리가 깨지면서 까마귀에게 원한을 품고 죽었지. 뱀은 죽어서 멧돼지로 다시 태어났고, 까마귀도 죽어서 꿩으로 다시 태어났다네. 어느 날 멧돼지가 산 위에서 칡뿌리를 캐느라 땅을 뒤엎는 바람에 돌이 산 아래로 굴러 갔다네. 그 돌이 산 아래에서 모이를 먹던 꿩을 치어 꿩은 죽고 말았지. 꿩도 역시 멧돼지에게 원한을 품고 죽어갔다네. 꿩은 죽어서 사냥꾼으로 다시 환생했고, 멧돼지도 죽어서 노루로 환생을 했다네. 당신이 바로 꿩이 죽어서 환생한 사냥꾼이고, 멧돼지가 죽어서 환생한 것이 바로 노루일세. 이게 바로 수레바퀴처럼 돌고 도는 윤회라네!"

이 말을 들은 사냥꾼은 머리를 끄덕이며 노루를 살려주고 떠났다. 불교 설화에서 나온 이 이야기에서 '까마귀 날자 배 떨어진다'는 속담이 유래했다.

의미

아무 관계없이 한 일이 공교롭게도 때가 같아 어떤 관계가 있는 것처럼 의심을 받게 됨을 비유적으로 이르는 말이다.

The dog stares at the chicken that ran away to the rooftop

A long time ago in a small farm, a chicken was pecking on millet. When a bull saw the happy chicken, it muttered, "It is so unfair! I work hard all day only to eat straw, while the chicken doesn't even do anything and gets millet." At that moment, a scholar with a crown passed by the gates. The chicken turned to the bull and said, "Do you see that crown on the scholar's head? You see, that is just like my crest. I, too, am the scholar of the animal kingdom." A sleeping dog woke up when he heard the chicken's boasting. "You are no scholar! You do nothing all day!" interjected the dog. The chicken replied, "Ah, but that is not so. Each morning, I let everyone know it is time to wake up, whereas you bark without any thought at all!" Getting furious, the dog attacked the chicken and bit his crest. The chicken, mustering all its might, flew to the roof and taunted the dog. From this story, we get our proverb "The dog stares at the chicken that ran away to the rooftop."

Meaning

This expression is used to show defeat when no amount of effort could achieve the result one desires.

닭 쫓던 개 지붕 쳐다보듯

옛날 옛적에 닭이 좁쌀을 쪼아 먹고 있었다. 그 모습을 보고 있던 황소가 투덜거렸다.

"나는 아무리 열심히 일해도 먹는 게 겨우 짚밖에 없는데, 너는 하는 일도 없이 맛있는 좁쌀만 먹으니 너무 불공평해."

그때 마침 머리에 관을 쓴 선비가 지나가고 있었다. 닭은 얼른 머리에 달린 볏을 흔들며 잘난 척 말했다.

"저 선비가 머리에 쓴 관이 보이느냐? 양반들이나 쓰는 저 관을 머리에 쓴 동물은 여기에서 나밖에 없다."

옆에서 자고 있던 개가 일어나 흥분하며 끼어들었다.

"나는 밤낮으로 집을 지켜도 겨우 음식 찌꺼기나 얻어먹는데, 너는 하는 일도 없으면서 너무 잘난 척한다."

그러자 닭이 흥분하며 "나는 아침마다 '꼬끼오' 하고 시간을 알려주는 중요한 일을 하는데, 너는 생각 없이 멍멍 짖는 것밖에 모른다"고 놀렸다.

이에 화가 난 개는 그만 닭의 볏을 물어뜯고 말았다. 깜짝 놀란 닭은 얼른 지붕 위로 날아 올라갔다. 하지만 개는 따라 올라갈 수가 없어서 그저 지붕만 쳐다보며 씩씩거렸다. 이때부터 닭의 볏이 톱니 모양이 되었다고 한다. 그런데 닭은 지붕 위로 날아 올라갈 수 있지만 개는 아무리 애를 써도 지붕 위로 올라갈 수 없다.

이 이야기에서 '닭 쫓던 개 지붕 쳐다보듯'이라는 속담이 유래했다. 개에게 쫓기던 닭이 지붕으로 올라가자 개가 쫓아 올라가지 못하고 지붕만 쳐다본다는 뜻이다.

의미

애써 하던 일이 실패로 돌아가거나 남보다 뒤떨어져 어찌할 도리가 없이 됨을 비유적으로 이르는 말이다.

To read a bible to a cow

A long time ago, there lived a magnificent musician named Kong Myung Yi who was admired by everyone. One day, Kong was reading a book when he heard a cow moo. To Kong, the cow's moo sounded quite warm and affectionate. Kong thought, "We should be grateful to the cow. Because cows do work for us, I have the luxury of time to read my books!" Grateful for the cow's service, Kong began playing his guitar to entertain the cow. To Kong's dismay, the cow paid little attention to his music and continued on grazing the field. "Perhaps this style of music isn't appealing to a cow," Kong thought, and he began imitating the cow's moo with his guitar the best he could. Surprisingly, the cow shook its tail in joy. From this story, we get the proverb "To read a bible to a cow." Even if you read a great book to a cow, the cow won't understand.

Meaning
No matter how hard you teach,
there is no effect.

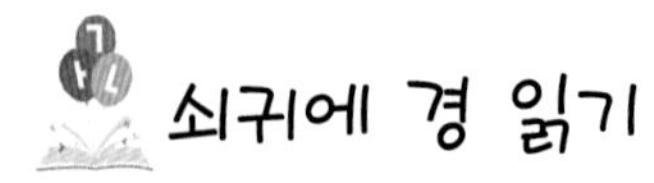

쇠귀에 경 읽기

옛날 중국 노나라에 훌륭한 연주가로 유명한 공명의라는 사람이 살고 있었다. 그는 연주를 잘하여 많은 이들에게 칭송을 들었다. 어느 날 공명의가 정자에 앉아 책을 읽고 있었다. 그때 어디선가 '음메~' 하고 소 울음소리가 들렸다. 그 소리가 어찌나 정겹던지 그는 문득 이런 생각을 하게 되었다.

'저 소에게 고마운 마음을 가져야 해. 소가 대신 일해 주지 않는다면 내가 어찌 책 읽는 시간을 가질 수 있겠어.'

공명의는 소에게 보답하고 싶어서 거문고를 연주해 주었다. 하지만 소는 아무런 반응이 없이 묵묵히 풀만 뜯고 있었다. 공명의는 이렇게 생각했다.

'아마 이 음악이 소와 잘 맞지 않아서 소가 듣지 않는구나. 소가 좋아할 만한 소리를 찾아 흉내를 내야겠다.'

공명의는 소가 좋아할 만한 소리를 찾아보았다. 그래서 소의 울음소리를 거문고로 흉내 내자 소가 신기하게도 그 소리에 반응하여 꼬리를 살랑살랑 흔들었다.

공명의가 소에게 거문고 소리를 들려줘도 소가 알아듣지 못한 것처럼 아무리 좋은 말이라도 알아듣지 못하는 사람에게는 소용이 없다.

이 이야기에서 '쇠귀에 경 읽기'라는 속담이 유래했다. 소의 귀에 대고 좋은 책을 읽어 봐야 단 한 마디도 알아듣지 못한다는 뜻이다.

의미

아무리 가르치고 일러 주어도 알아듣지 못하거나 효과가 없는 경우를 이르는 말이다.

Hang a bell on the cat's neck

A long time ago, a group of mice gathered in a shed to discuss how they could avoid being hunted by a cat. The mice were distressed indeed, as many of their friends had fallen victim to the cat. One mouse exclaimed, "Let us hang a bell on the cat's neck! That way every time the cat moves, we can hear the bell. Then we can run away before the cat catches us!" All the other mice cheered on. "Brilliant idea!" said the group of mice in unison. They all cheered on until an old mouse stepped up. "It is a good idea, but who is going to hang the bell on the cat?" asked the wise, old mouse. The cheering stopped, and there was silence except for various sighs about the room. At the end, no mouse stepped up to hang the bell on the cat, and they lived in fear. From this story, we get our proverb "Hang a bell on the cat's neck."

Meaning

No matter how brilliant the plan,
some things are impossible.

고양이 목에 방울 달기

옛날에 쥐들이 헛간에 모여서 고양이를 어떻게 막을 것인가에 대해 회의를 열었다. 고양이에게 잡아먹히는 동료 쥐가 늘어나자 대책을 마련해야 했다. 쥐들 중 한 마리가 기발한 방법을 제안했다.

"고양이 목에 방울을 답시다. 그러면 고양이가 움직일 때마다 방울이 딸랑딸랑 울리겠지요. 그럼 고양이가 덤벼들기 전에 미리미리 도망칠 수 있지 않겠소!"

"정말 기가 막힌 의견입니다!"

찬성하는 목소리가 헛간이 떠나갈 듯 크게 울려 퍼졌다. 그때 나이가 든 쥐가 말했다.

"네 말이 옳기는 하다. 그런데 그 방울은 누가 달지?"

그 순간 회의장은 조용해졌다. 모든 쥐들이 한숨을 내쉬었다. 결국에는 희생을 각오하고 고양이 목에 방울을 달겠다고 나선 용감한 쥐가 아무도 없었다. 이 이야기에서 '고양이 목에 방울 달기'라는 속담이 유래했다.

의미

실행하기 어려운 것을 공연히 의논함을 이르는 말이다.

It's like a Mole's marriage

Long ago, there lived a mole whose son had not yet married. The father mole contemplated on how he would find his son a beautiful bride. As moles live underground, he wanted to find his son a bride from the highest peak of the lands above. The father mole first asked the Sun if she'd marry his son. The sun replied, "I may live at the highest point, but if the clouds cover me, I'm useless." So the father mole went to the cloud to ask for her hand in marrying his son. To the father mole's dismay, the cloud replied "I may cover the Sun, but if the wind blows, I break apart." The father mole, not about to give up, asked the wind to marry his son. The wind replied, "I may be stronger than the cloud, but no matter how hard I blow, I cannot move a

stone." The father mole then asked the stone to marry his son. The stone replied, "Even though I can resist wind, I always fall down because of the moles underground." Hearing this, the father mole happily found a female mole to be his son's bride. From this story, we get our proverb "It's like a Mole's marriage."

Meaning

Know your place. People who try to marry someone much better than themselves waste their time in searching and end up marrying someone in their shoes in the end.

두더지 혼인 같다

옛날에 두더지가 자식을 결혼시키려고 혼인 상대를 찾고 있었다. 두더지는 땅속에 사는 자신의 처지가 초라하게 느껴져 세상에서 가장 높은 위치에 있는 상대를 찾아 결혼시키길 원했다. 그래서 맨 먼저 높은 하늘에게 자식과 혼인해 주기를 청했다.

"높은 하늘이시여, 저의 자식과 결혼을 해 주세요."

하늘은 "내가 비록 높다고는 하지만 해와 달이 없으면 나의 높은 품성을 드러낼 수가 없다."며 해와 달에게 두더지와의 결혼을 양보했다. 그래서 두더지는 해를 찾아가 간청해 보았다.

"높은 하늘에서 세상을 밝게 비추는 해님이시여, 저의 자식과 결혼해 주세요."

그러자 해가 "내가 비록 높은 하늘에서 온 세상을 비추고 있지만 구름이 나를 가리면 나도 어쩔 수가 없다."고 하며 구름에게 결혼을 양보했다.

두더지는 다시 구름에게 물었다.

"구름이시여, 저의 자식과 결혼해 주세요."

구름은 "내가 비록 해와 달은 가릴 수 있지만 바람이 불면 흩어질 수밖에 없기 때문에 바람이 나보다 더 높다."고 말하며 바람에게 양보했다.

그러자 두더지는 바람을 찾아가서 청혼을 했다.

"바람이시여, 저의 자식과 결혼해 주세요."

바람은 "나는 구름은 흩어지게 할 수 있지만 아무리 바람이 불어도 흔들리지 않고 움직이지 않는 땅 위의 돌부처가 더 훌륭하다."며 돌부처에게 결혼을 양보했다. 그래서 두더지는 땅 위로 내려와 돌부처를 찾아가 청혼을 했다.

돌부처는 "나는 바람이 불어도 꿈쩍하지 않지만 땅속에서 두더지가 쉽게 파고들어 나를 넘어지게 할 수 있기 때문에 두더지가 나보다 더 높다."고 말하며 두더지에게 결혼을 양보했다.

그래서 두더지는 세상에서 자기보다 더 나은 것이 없다고 하면서 두더지에게 청혼했다. 이 이야기에서 '두더지 혼인 같다'는 속담이 유래했다.

의미

분수에 넘치는 엉뚱한 희망을 갖거나 자기보다 훨씬 나은 사람과 혼인하려고 애쓰다가 마침내는 동류끼리 혼인하게 되는 것을 비유적으로 표현한 말이다. 그리고 남에게 널리 알리지 않고 집안사람들끼리만 모여서 하는 혼인을 의미하기도 한다.

Did that crow eat meat?

Long time ago, there lived a crow that worked for the Great Jade Emperor. The crow worked as a messenger for the king, delivering messages between the emperor, King Yumra of the underworld, and King Kang Doe Leong of Earth. One day, King Yumra asked the crow to deliver a letter to Kang Doe Leong. The letter contained names of all those condemned to the underworld. The crow obliged and took flight. As the crow flew across the lands, he passed over a dead horse. Having not eaten for awhile, the crow took a break to have a bit of horse carcass for a snack! But as the crow descended, the letter flew from its beaks and was blown away by the wind. Deceptive as he was, the crow did not tell Kang Doe Leong the true story of what happened to the letter. Instead, he told Kang, "King Yumra condemns anyone, I mean anyone, to the underworld!" Although he was perplexed, Kang Doe Leong started sending random citizens of Earth to the underworld for all eternity, destroying the balance of the worlds.

From this story, we get our proverb "Did that crow eat meat?"

Meaning

This proverb is used to describe people who lose things easily.

까마귀 고기를 먹었나?

옛날에 까마귀는 하늘의 옥황상제의 명을 받들어 저승으로 데려갈 사람의 명단을 염라대왕에게 받아, 지상의 모든 일을 맡아보는 강도령에게 가져다주는 역할을 했다.
어느 날 지하세계를 지배하는 염라대왕이 강도령에게 전하라며 까마귀에게 쪽지를 주었다. 그 쪽지에는 지하세계로 들어올 사람들의 이름이 적혀 있었다. 까마귀는 그 쪽지를 물고 지상으로 날아 올라갔다. 한참 날아가던 까마귀는 말의 시체가 있는 곳을 지나가게 되었다. 까마귀는 배가 고파 잠시 쪽지를 내려놓고 죽은 말을 뜯어 먹고 있었다. 그런데 갑자기 바람이 불어 쪽지가 멀리 날아가 버렸다. 결국 그 쪽지를 찾지 못한 까마귀는 지상에 도착하여 강도령에게 염라대왕의 말을 거짓으로 지어서 이렇게 전했다.
"염라대왕이 아무 놈이나 잡아 지하세계로 끌어들이라고 하셨습니다."
그래서 강도령은 까마귀의 말만 믿고 남녀노소 구분 없이 잡아서 염라대왕에게 보냈다. 이때부터 사람이 죽어 저승길로 가는 순서가 엉망이 되고 말았다. 이 이야기에서 '까마귀 고기를 먹었나'라는 속담이 유래했다.

의미

잊어버리기를 잘하는 사람을 놀리거나 나무라는 말이다.

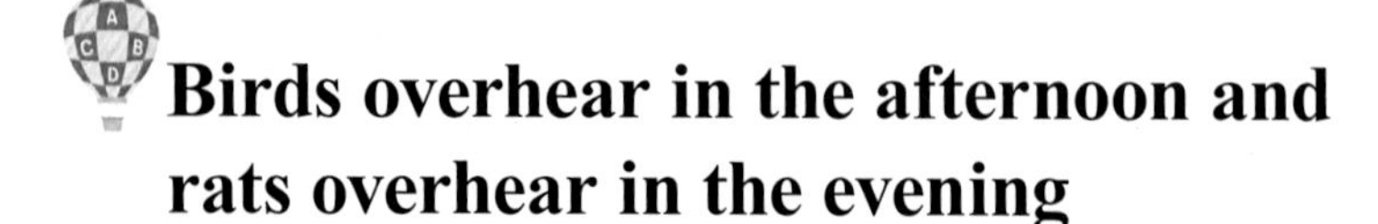

Birds overhear in the afternoon and rats overhear in the evening

A long time ago during the Qin Dynasty, King Fu Jian was discussing the issue of releasing an infamous prisoner with his advisor Wang Meng. As they drafted the pardon letter, a small, blue fly buzzed by the brush. Waving the fly off of his brush, Fu Jian continued writing his letter to the prison. Few days later, rumors spread across the lands about the release of an infamous criminal. The king ordered Wang Meng to find the source of the leak. Wang Meng travelled across the country, visiting towns to towns, gathering information. Ultimately, it was apparent that a boy in a blue shirt had shouted the news to nearby towns. Fu Jian immediately realized that the boy with the blue shirt and the blue fly were in fact, one person. From this story, we get our proverb “Birds overhear in the afternoon, and rats overhear in the evening.”

Meaning

Always be careful of your words even if no one is around.

낮말은 새가 듣고 밤말은 쥐가 듣는다

옛날 중국 진나라 왕인 부견이 옥에 갇힌 죄수를 석방하려고 왕맹과 의논을 했다. 부견과 왕맹은 아무도 모르게 죄수들을 석방한다는 글을 쓰고 있었는데 이때 파란 파리 한 마리가 날아와 주변을 맴돌다가 붓끝에 내려앉았다. 부견은 파리를 쫓으며 글을 썼다.

그런데 며칠 뒤 죄수를 석방한다는 소문이 퍼졌다. 부견은 왕맹을 불러 소문의 근원지를 찾으라고 명했다. 왕맹이 소문을 낸 사람들을 만나보니 모두 똑같은 대답을 했다. 파란색 옷을 입은 소년이 돌아다니며 "곧 죄수들이 석방될 것이다!" 하고 외치는 소리를 들었다는 것이다. 사람들은 파란색 옷을 입은 소년을 찾았지만 끝내 찾지 못했다. 그러던 중 부견과 왕맹은 글을 쓸 때 날아다니던 파란색 파리를 떠올렸고 '혹시 그 파리가 사람으로 변하여 소문을 낸 것이 아닐까?'라고 생각했다.

여기에서 '낮말은 새가 듣고 밤말은 쥐가 듣는다'는 속담이 유래했다. 우리 조상들은 아무리 조심해서 하는 말이라도 낮에는 날아다니는 새가 들을 수 있고, 밤에는 쥐가 들을 수 있다고 생각했다.

의미

아무도 안 듣는 데서라도 말을 조심해야 한다는 말이다.

Could there be web in a person's mouth?

Long time ago, there lived a man named Hwang Hee. He was the most respected politician in all of Joseon. Hwang lived his whole life as a humble man and was admired by everyone he had met. But, like everyone else his life flew by and death was near. Hwang's children became increasingly worried as they could not afford a proper funeral for their father. They feared the worst and thought they, too, might starve. When Hwang heard of his children's concerns, he said to them, "There are cobwebs in a peacock's mouth, but never in men who have their lives." After those few words, Hwang passed away. Few days later, a diplomat from China sent the King a gift. The gift was a peacock. China sent a peacock to tease Joseon because no one knows how to tame a peacock. When people tried to feed the peacock, it did not budge and held its beaks closed. So one of the servants gave an advice to the King to ask Hwang's family. So the King sent one servant to Hwang's house for advice. Hwang's wife told him, "Just before passing, my husband said there might be cobwebs in a peacock's mouth." The king had his

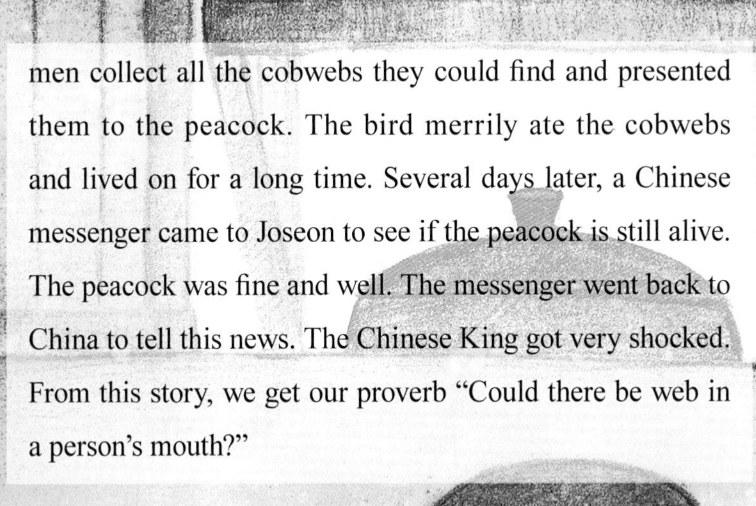

men collect all the cobwebs they could find and presented them to the peacock. The bird merrily ate the cobwebs and lived on for a long time. Several days later, a Chinese messenger came to Joseon to see if the peacock is still alive. The peacock was fine and well. The messenger went back to China to tell this news. The Chinese King got very shocked. From this story, we get our proverb "Could there be web in a person's mouth?"

Meaning

If a spider could build cobwebs in one's mouth, then the person must been without any food for a while. Even when life is tough, people will eat enough to get by.

산 입에 거미줄 치랴?

황희 정승은 조선시대 명재상이었다. 그는 조선 초기 국가의 기틀을 마련하는 데 노력한 정치가로 조선 왕조를 통틀어 가장 뛰어난 재상으로 인정받고 있다.

황희는 청빈하기로 유명한 사람으로 재물을 탐내지 않아 평생 가난하게 살았다. 그가 모아 놓은 재산도 없이 죽을 때가 가까워 오자 자식들은 고민이 많았다. 가난한 살림에 장례를 치를 돈도 없고 앞으로 살아갈 일이 더욱 걱정이 되었던 것이다. 자식들의 마음을 눈치 챈 황희는 그들에게 "공작 입에 거미줄이지, 산 사람의 입에야 거미줄을 치지 않는다"고 말하고 세상을 떠났다.

황희가 죽은 후 중국 명나라에서 듣지도 보지도 못했던 새를 한 쌍 보내왔는데 이 새를 잘 키워서 다시 자기네 나라로 보내라 했다. 명나라 황제가 조선을 희롱하기 위해 보낸 이 새를 어떻게 키워야 할지 아무도 몰라 조정 대신들은 전전긍긍했다. 이 새가 바로 공작새였다. 공작새는 모이를 주어도 먹지 않아 조정 대신들은 걱정이 이만저만 아니었다.

이때 한 조정 대신이 말했다.

"황희 정승께서는 평소 선견지명이 있으셨던 분이니 생전에 무슨 기록이나 말씀을 남기신 것이 있는지 알아보심이 어떠하신지요?"

이에 조정에서는 사람을 보내 황희의 부인에게 공작에 관해 물어보았다.

황희의 부인이 다음과 같이 말했다.
"공께서 돌아가시려 하여 '남아 있는 우리는 어떻게 살아야 합니까' 하고 여쭈었더니 '공작도 거미줄을 먹고 사는데 산 사람 입에 설마하니 거미줄이야 치겠소?'라고 하셨습니다."
이 말을 들은 조정 대신이 거미줄을 걷어다 공작새에게 먹이니 사경을 헤매던 공작새가 넙죽넙죽 받아먹고 살아나 잘 자랐다. 얼마 후 명나라 사신이 와서 죽은 줄로만 알았던 공작이 잘 살고 있자 본국에 돌아가 사실대로 전했고 그 말을 들은 명나라 황제가 크게 감탄했다고 한다. 이 이야기에서 '산 사람의 입에 거미줄 치랴'라는 속담이 유래했다.

의미

거미가 사람의 입 안에 거미줄을 치자면 사람이 아무것도 먹지 않아야 한다는 뜻으로, 살림이 어려워 식량이 떨어져도 사람은 그럭저럭 죽지 않고 먹고 살아가기 마련임을 비유적으로 이르는 말이다.

Fish don't play in clear water

A long ago during the Han Dynasty, there lived a general named Ban Chao. Ban lived in the eastern province of China and worked as the king's assistant. Ban was admired for his kind heart, humility, and devotion to ethics. Naturally, Ban was always fair in ways he treated people and the law. When the time came for Ban to retire from the king's court, a newly appointed general named Im Sang asked Ban, "What can I do to maintain peace in the eastern province?" Ban thought for a while and replied, "You look like a very strict man. To rule, one needs to be flexible. Big fish do not gather in clear water because there are no places to hide in such clarity. Likewise, people won't gather where there's too much stringent control. Be bold but not too hard." In the end, Im Sang ignored Ban's advice leading to a large loss of territory during a war that soon followed. From this story, we get our proverb, "Fish don't play in clear water."

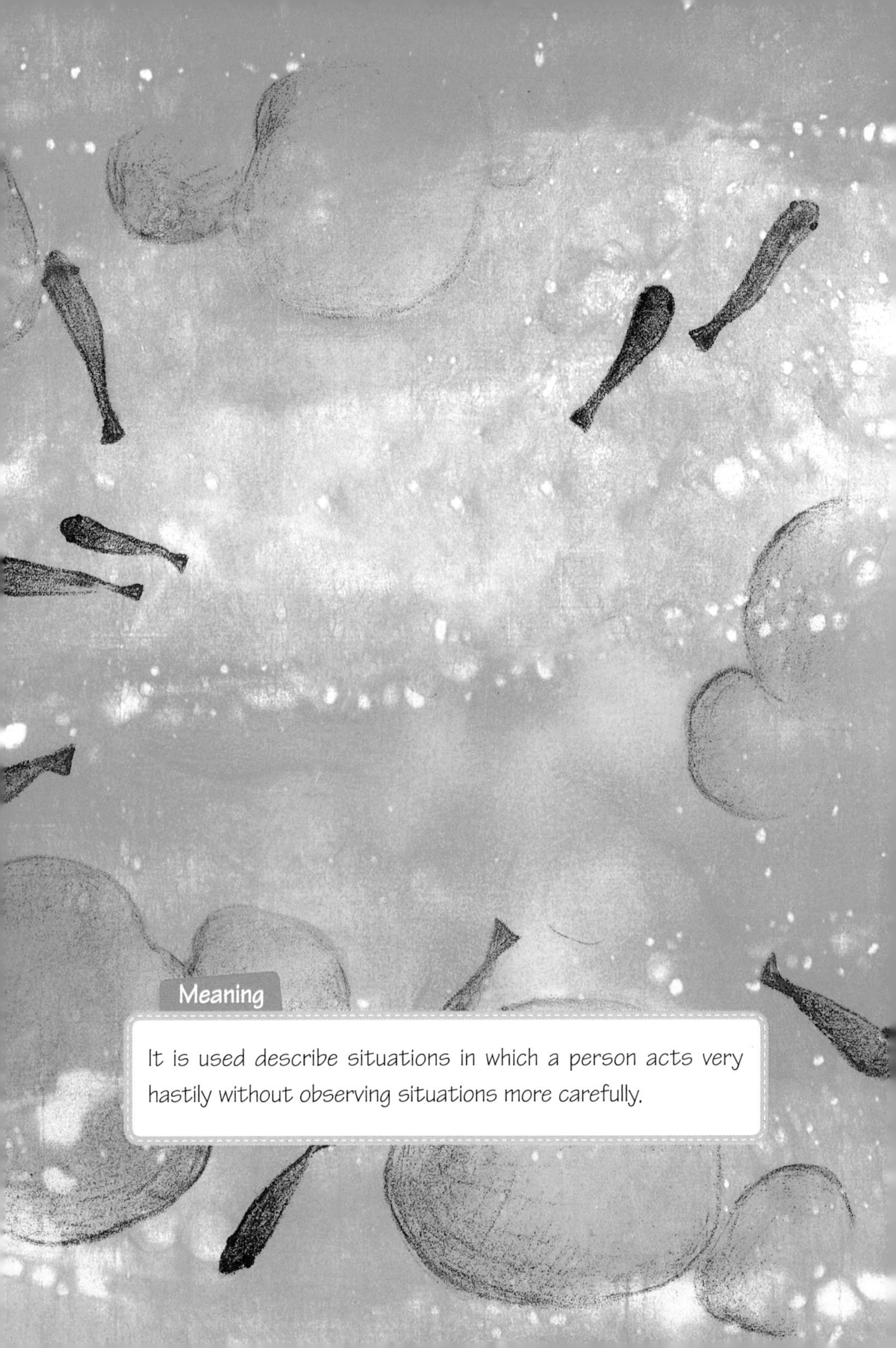

Meaning

It is used describe situations in which a person acts very hastily without observing situations more carefully.

맑은 물에는 고기가 놀지 않는다

옛날 중국 후한에 반초라는 장수가 있었다. 그는 서역에서 오랫동안 나랏일을 맡아서 일을 했다. 반초는 지나치게 마음이 맑고 깨끗하며 재물에 욕심이 없었다. 그래서 모든 일을 법칙과 규칙에 따라 처리했다.

세월이 흘러 반초는 서역을 통치하는 임기를 마치게 되었다. 반초의 뒤를 이어 서역에서 일을 할 관리로 임상이라는 사람이 임명되었는데 그가 반초를 찾아와 이렇게 물었다.

"서역을 잘 다스리기 위해서는 어떻게 해야 할까요?"

그러자 반초는 자신의 경험을 바탕으로 다음과 같이 충고했다.

"그대는 성격이 너무 엄격해 보이네. 세상을 다스리려면 융통성이 있어야 한다네. 원래 물이 너무 맑으면 큰 물고기가 숨을 곳이 없어 모이지 않는 법이라네. 이와 마찬가지로 사람이 너무 융통성이 없으면 그를 따르는 무리가 없다네. 정치도 이와 같아서 너무 엄격하면 안 되니 하찮은 일은 덮어두고 대범하게 다스리도록 하게나."

그러나 임상은 반초의 말을 듣지 않고 자신의 생각대로 서역을 다스리다가 전쟁이 나서 서역 땅을 모두 잃고 말았다. 이 이야기에서 '맑은 물에는 고기가 놀지 않는다'는 속담이 유래했다.

의미

사람이 지나치게 행동이나 마음이 깨끗하여 허물이 없으면 남이 따르지 않음을 비유적으로 이르는 말이다.

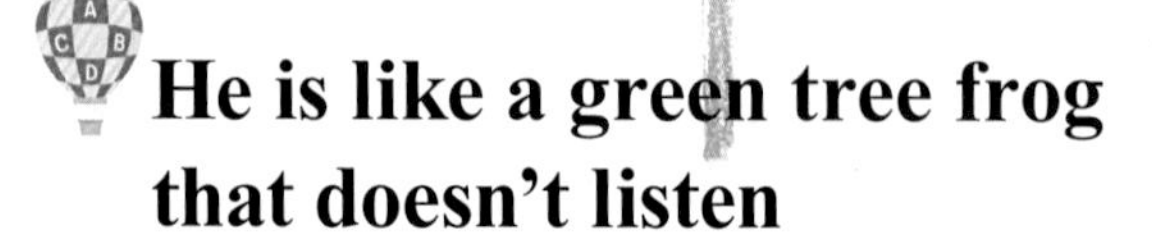

He is like a green tree frog that doesn't listen

Long time ago, there was a green tree frog that would always do the opposite of everything that his mom asked him to do. When he was told to go east, he went west. When he was told to go south he went north. When he was told to go to the mountains, he went to the river. The mother frog was really distressed so she became ill. Before her death, she told her son to bury her beside the river because she knew that he would do the opposite. But after she passed away, the son realized his mistakes and actually buried her beside the river. When it is a rainy day, the frog is always worried that his mother's body might float away in to the river. It is said that now, the frog cries by the river worrying about his mother's body. This is where we get the proverb "He is like a green frog that doesn't listen."

Meaning

This proverb is used when someone doesn't listen or when someone does something stupid.

말 안 듣기는 청개구리 같다

옛날에 엄마가 무엇을 시키면 늘 반대로 하는 청개구리가 살았다. 이 청개구리는 엄마 청개구리가 하는 말에 무조건 반대로 행동했다. 동쪽으로 가라고 하면 서쪽으로 가고 남쪽으로 가라고 하면 북쪽으로 갔다. 산으로 가라고 하면 강으로 가고 강으로 가라면 산으로 갔다. 아들 청개구리는 엄마 청개구리의 말에 반항만 할 뿐 도무지 시키는 대로 따르는 경우가 없었다.

결국 엄마 청개구리는 너무 많은 스트레스를 받아 큰 병이 들었다. 엄마 청개구리가 죽을 때가 되어 아들 청개구리에게 유언을 남겼다.

"아들아 엄마가 죽으면 산에다 묻지 말고 강가에 묻어 다오."

엄마 청개구리는 산에 묻히고 싶었지만 아들 청개구리가 무조건 반대로 하기 때문에 강가에 묻어 달라고 하면 산에 묻어줄 거라고 생각한 것이다.

아들 청개구리는 엄마 청개구리가 죽을 때가 되어서야 엄마 말을 듣지 않은 걸 후회하고 잘못을 뉘우쳤다. 그래서 이제라도 엄마 말을 잘 들어야겠다고 결심했다.

얼마 뒤 엄마 청개구리가 죽었다. 아들 청개구리는 태어나서 처음이자 마지막으로 엄마의 말을 따라 엄마를 강가에 묻었다. 그런데 비가 많이 내리는 날이면 엄마의 무덤이 강으로 떠내려갈까 봐 걱정이 되었다. 그래서 아들 청개구리는 비만 오면 엄마 무덤을 걱정하느라 개굴개굴 슬프게 울게 된 것이다. 이 이야기에서 '말 안 듣기는 청개구리 같다'는 속담이 유래했다.

의미

다른 사람의 말을 잘 듣지 않거나 주의 깊게 듣지 않고 매사에 엉뚱한 일만 저지르는 사람을 비유적으로 이르는 말이다.

Bat's Excuse

A long time ago, Phoenix, the king of all birds, held a birthday party. From every corner of the world, all types of birds came to celebrate. The bat, however, did not come to the party. The Phoenix asked, "How could you be so arrogant when you are far below me in the food chain?" The bat replied smugly, "I am a four legged animal, so how could you compare me to birds like you?" Few days later, a giraffe threw a birthday party as well. All of the four legged animals showed up except for the bat. Days later, the giraffe asked the bat, "Why didn't you come to my birthday party?" The bat replied, "I have wings like a bird, so how can I be related to animals with legs such as you?" From this story, we get the proverb "Bat's Excuse."

Meaning
A person who makes excuses to get what he or she wants.

박쥐구실

옛날 옛적에 새들의 왕인 봉황새의 생일을 맞아 축하하는 잔치가 열렸다. 이 생일잔치에 세상의 모든 새들이 모여들었다. 그런데 유일하게 박쥐만 참석하지 않았다. 그래서 봉황새가 박쥐를 불러놓고 "네가 내 밑에 있으면서 어찌 그렇게 거만할 수가 있느냐?" 하고 꾸짖었다. 그러자 박쥐가 "나는 네 발 달린 짐승인데 너 같은 새와 무슨 상관이 있단 말이냐?" 하고 대답했다.
그 뒤 기린의 생일을 축하하는 잔치가 벌어져 네 발 짐승들이 다 모였다. 그런데 또 박쥐만 오지 않았다. 그래서 기린이 박쥐를 불러 "네가 내 밑에서 살면서 왜 내 생일을 축하하는 자리에 참석하지 않았느냐?" 꾸짖었다. 그러자 박쥐는 "나는 이렇게 날개를 가진 새인데, 네 발 달린 짐승들의 잔치와 무슨 관계가 있단 말이냐?"고 하면서 날개를 펼쳐 보였다. 이 이야기에서 '박쥐구실'이라는 속담이 유래했다.

의미

자기의 이익만을 추구하여 이랬다저랬다 하는 사람을 이르는 말이다.

Even a sparrow understands gratitude

Long ago, someone wrote a book called "Heong Bu Jun." The book was about two brothers named Heong Bu and Nol Bu. Nol Bu was very greedy, and as such, he took all of the inheritance from their parents and kicked Heong Bu out of the house. Heong Bu had a kind heart, and he did not hate his brother inspite of the treatment he received. Heong Bu went on to live in a small cottage in the forest with his wife and his 11 children. Even though Heong Bu worked hard, he had trouble feeding his family. He went to Nol Bu for help. However, when he arrived at Nol Bu's house, he was hit with a wooden spoon by Nol Bu's greedy wife. The spoon had rice on it, so Heong Bu asked his greedy wife to hit him again with the wooden spoon so he can gain at least a bit of rice.

On his way back home, Heong Bu came across a sparrow with a broken leg. Heong Bu brought the sparrow home, treated it, and set it free. One year later, the sparrow showed up at Heong Bu's cottage with a small pumpkin seed in its mouth. Heong Bu was very happy. He got the small pumpkin seed and planted it in his yard. When time came for harvest, Heong Bu picked the largest pumpkins and cut them open. From inside the pumpkins poured out treasures and gems of all sorts. When Nol Bu heard of this news, he went searching for his own sparrow. Since he could not find an injured bird, he deliberately broke a sparrow's legs, treated it, and set it free. Sometime later, the sparrow brought back a small pumpkin seed for Nol Bu. Nol Bu planted the seed and waited for his fortunes. When the time for harvest came, Nol Bu picked out the biggest pumpkin and opened it up. A lot of bugs and snakes came out from the pumpkin. Then Nol Bu tried to open another pumpkin. From there poured out gallons and gallons of water that flooded Nol Bu's house and destroyed his fortune. Heong Bu, hearing the news, took Nol Bu and his family in and they all lived in peace from that point on. From this story, we get our proverb "Even a sparrow understands gratitude."

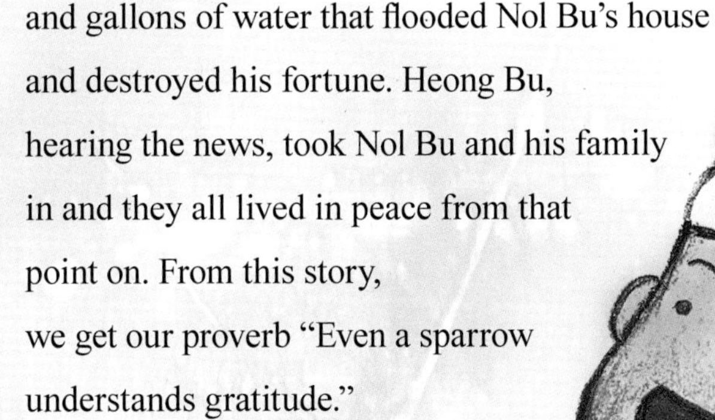

Meaning

This proverb is used to note that people should be thankful, as even sparrows show gratefulness.

제비도 은혜를 갚는다

조선시대에 나온 소설 중 누가 언제 썼는지 모르지만 「흥부전」이라는 작품이 상당한 인기가 있었다. 이 소설에는 제비가 등장한다.

옛날 어느 마을에 놀부와 흥부라는 형제가 살고 있었다. 형인 놀부는 심술궂고 욕심이 많아 부모의 재산을 모두 차지하고 동생인 흥부를 집에서 쫓아냈다. 그런데도 동생 흥부는 형을 원망하지 않고 산기슭에 움막을 치고 가난하게 살았다.

움막을 수숫대로 지었더니 집이 너무 작아 머리와 발이 밖으로 삐져나왔다. 흥부는 자식이 11명이나 되었는데 자식들이 먹을 것이 없어 끼니를 잇지 못하게 되자 형에게 찾아가서 양식을 구걸했다. 그러나 욕심 많은 형과 형수는 밥을 푸던 주걱으로 흥부의 뺨을 때렸다. 흥부는 얼굴에 밥풀이 몇 알 붙게 되자 한 톨의 밥풀이라도 더 먹기 위해 나머지 한쪽 뺨도 더 때려달라고 내밀었다. 그러다 결국 형의 집에서 매만 맞고 쫓겨난 흥부는 곡식을 얻기 위해 남을 대신해서 매를 맞기도 하면서 애를 쓰지만 가난에서 벗어나지 못했다.

그러던 어느 날 흥부는 땅에 떨어져 다리가 부러진 제비 새끼를 보게 되었다. 흥부는 그 제비 새끼를 주워다가 정성껏 치료를 해 주고 잘 돌봐준 다음 날려 보냈다. 이듬해에 그 제비가 흥부에게 박씨 한 개를 물어다 주었고 흥부는 그 씨앗을 집 앞에다 심었다. 가을이 되자 커다란 박이 열렸고 아이들은 먹을 것이 없으니 박이라도 타서 먹자고 졸랐다. 그래서 흥부는 박을 따다가 아이들과 함께 켜게 되었다.

그런데 이게 웬일인가? 뜻밖에도 박 속에서는 온갖 눈부신 보물들이 끝없이 쏟아져 나와 흥부는 하루아침에 부자가 되었다. 그것을 알게 된 놀부가 흥부에게 달려와 벼락부자가 된 자초지종을 물었고 착한 흥부는 제비를 도와준 사실을 자세히 알려주었다.

놀부는 제비 새끼 한 마리를 잡아다가 다리를 부러뜨린 뒤 실로 동여매어 날려 보냈다. 그러자 그 제비가 이듬해 봄에 박씨 한 개를 물어다 주었다. 놀부는 그 박씨를 정성껏 가꾸었다. 가을이 되자 커다란 박 몇 개가 놀부 집에 열렸다. 욕심꾸러기 놀부는 박 속에 무엇이 들어있을까 궁금하여 박이 잘 익기도 전에 박을 따서 반으로 갈랐다.

그런데 이게 웬일인가? 박속에서 온갖 뱀과 곤충들이 쏟아져 나왔다. 놀부는 다른 박을 따서 반으로 갈랐다. 그러자 이번에는 엄청난 물이 쏟아져 놀부의 집을 휩쓸어 가버렸다. 그 많던 놀부의 재산은 순식간에 모두 없어지고 말았다.

이 소식을 들은 흥부는 놀부에게 재물을 나누어 주었다. 그 뒤 놀부도 잘못을 뉘우치고 착한 사람이 되어 형제가 화목하게 잘 살게 되었다. 이 이야기에서 '제비도 은혜를 갚는다'는 속담이 유래했다.

의미

제비도 은혜를 아는데 하물며 사람이 은혜를 몰라서야 되겠느냐는 뜻을 가진 말이다.

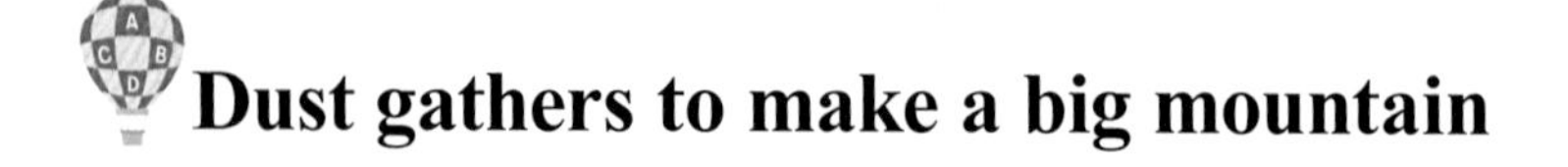

Dust gathers to make a big mountain

Long ago during the reign of King Gwang Hae of the Joseon Dyansty, there lived a noble scholar named Hang Bok Lee. During the Japanese Invasion in 1952, Lee's great reputation rewarded him with a position of prime minister. As a young boy, Lee was full of wits. When Lee was 9 years old, he always played near a blacksmith shop. When Lee came home from playing, he'd always bring back small pieces of metal shards and fragments. Lee's father was not pleased and yelled at young Lee, "Why do you not study and do useless things? Go throw that away now!" However, despite his father's reprimands, Lee kept collecting metals until one day, the blacksmith shop was closed. "What happened to the shop?" Lee asked the blacksmith. "I no longer have any metal to continue making weapons!" cried the owner. Lee ran to his house and brought back his stash of metal he had been gathering over the years. The happy blacksmith thanked Lee and once again opened his store. The neighbors of this village said, "When you gather dust it will become a big mountain someday."

From this story we get our proverb "Dust gathers to make a big mountain."

Meaning
Even small things can mount to a great thing.

티끌 모아 태산

조선시대 광해군 때 이항복이라는 선비가 있었다. 그는 임진왜란 때 병조판서를 지내면서 많은 공적을 세웠으며 벼슬이 영의정에 이르렀다. 이항복은 어렸을 때 슬기롭고 재치가 많은 아이였다.

이항복이 아홉 살 되던 해였다. 이항복이 사는 조그만 마을에는 작은 대장간이 하나 있었다. 그는 매일 대장간이 있는 곳에서 놀다가 버려진 쇠 조각 하나를 주워서 집으로 가져갔다. 이를 본 아버지가 "너는 하라는 공부는 안 하고 쓸데없는 짓만 하느냐. 당장 갖다버려라." 하고 이항복을 꾸짖었다. 하지만 이항복은 쇠 조각을 몰래 계속 주워 모았다.

그러던 어느 날 대장간이 망해서 그만 문을 닫게 되었다. 대장장이는 쇠가 없어 아무런 기구를 만들 수가 없었다. 이 소식을 전해들은 이항복은 대장장이를 찾아갔다. 그리고 지금까지 모아놓은 쇠 조각을 대장장이에게 주었다. 대장장이는 그 쇠 조각으로 다시 대장장이 일을 하게 되었다.

이 소식을 들은 사람들은 이렇게 말했다. "티끌을 모으면 언젠가는 태산이 되겠는걸." 여기에서 '티끌 모아 태산'이라는 속담이 유래했다.

의미

아무리 작은 것이라도 모이고 모이면 나중에 큰 덩어리가 됨을 비유적으로 이르는 말이다

Even eggs have bones

Long ago during the King SeJong of Joseon Dynasty, there was a Prime Minister named Hwang Hee. He was famous for being very frugal as his family was very poor. The only clothes he owned were his uniforms. Feeling sorry for Hwang Hee, King SeJong told his servant, "When the merchants come tomorrow, tell them to give all their goods to Hwang." However, there was a horrible storm, and the merchants never came. Instead, an old man came, holding a bag full of eggs. With the king's order, the servants took the old man's eggs and brought them to Hwang. Hungry Hwang tried to eat those eggs, but most were rotten. The Korean word for rotten has a similar pronunciation as the word bone. This is where "Even eggs have bones" came from.

Meaning

It is used when suddenly an obstacle shows up and you get no luck.

달걀에도 뼈가 있다

조선시대 세종 때 영의정을 지낸 황희가 있었다. 그는 지위가 높았지만 평소에 검소하기로 유명했다. 그러다 보니 집이 가난하여 먹을 것이 없었고 다 쓰러져가는 초가집에서 관복 한 벌로 어렵게 살고 있었다. 이를 안타깝게 여긴 세종이 다음과 같은 명을 신하에게 내렸다.

"내일 아침 남대문을 열었을 때부터 닫을 때까지 들어오는 모든 물건을 황희의 집으로 갔다 주거라."

하지만 다음 날 폭풍우가 몰아쳐 남대문으로 들어오는 장사꾼은 한 명도 없었다. 그러던 중 문을 닫기 직전에 시골에서 올라온 한 영감이 달걀 한 꾸러미를 들고 나타났다. 왕의 명령대로 신하는 그 달걀을 사서 황희의 집에 갖다 주었다. 황희가 그 달걀을 삶아 먹으려고 하는데 달걀이 다 곯아 한 개도 먹을 수가 없었다.

이 이야기에서 '달걀에도 뼈가 있다'는 속담이 유래했다. 원래는 달걀이 곯았다는 이야기인데 '곯'이 뼈를 뜻하는 '골'과 발음이 비슷하여 '달걀에도 뼈가 있다'는 속담으로 변형되어 사용되고 있다.

의미

뜻하지 않은 방해물이 생겨 재수가 없는 경우를 이르는 말이다.

A Drawing of a Rice Cake

Long ago in China, there was a man named No Yook, who lost his parents and brothers at the age of 10. From then on, he had to look after his sister in law and his nephew all by himself. People were very proud of No Yook. The news of No Yook's clever mind and his kind heart reached the King. Hearing of No Yook, the king brought No Yook to his court as his advisor.

One day the king had a task for No Yook. He asked No Yook, "How can I find someone very intelligent to help me rule China? It seems that I can not only look at fame. Fame is like a drawing of a rice cake which cannot be truly eaten!" No Yook replied, "I think we need to test them to see if they are clever, my sire. However, you banned practical tests years ago. Intelligence and wit are not the same, but for too long we have thought of them the same. To truly test people's abilities, you must test them to see how they are in real scenarios!" On the advice of No Yook, the king instituted a new test to truly look for wit and practical intelligence. From this story, we get our proverb "A Drawing of a Rice Cake."

Meaning

Looking at a painting of uneatable cake to relieve your hunger is like filling your head with frothy ideas. This proverb is also criticising on useless or unsubstantial things.

그림의 떡

옛날 중국 위나라에 노육이라는 사람이 살았다. 그의 나이 열 살에 부모를 잃었고, 이어 두 형마저 전쟁에서 목숨을 잃고 말았다. 노육은 혼자서 홀로 된 형수와 나이 어린 조카를 먹여 살렸다. 그러자 사람들은 모두 그의 품행을 매우 칭찬했다. 또한 노육은 학식이 높고 행동과 마음이 반듯하며 단정하여 명성이 높았다. 그래서 위나라 황제는 그를 관리로 등용했다. 노육은 관리로서 위나라를 위해 좋은 아이디어를 많이 제시하여 조정의 중요한 일을 맡아보게 되었다. 어느 날 황제가 노육에게 말했다.

"이 나라가 유능한 사람을 얻을 수 있을지 여부는 경에게 달려 있소. 인재를 뽑을 때에는 그 명성만 보아서는 안 될 것이오. 명성이란 땅바닥에 떡을 하나 그린 것과 같아서 먹지 못하는 것이기 때문이오!"

그 말을 듣고 노육이 다음과 같이 말했다.

"명성에 의해 그 사람의 재능과 성품을 제대로 알아볼 수는 없어도 일반적인 인재를 발견할 수는 있을 것입니다. 그러므로 유명해진 사람에 대해서는 싫어해서는 안 될 것입니다. 그러나 저의 생각은 그들을 시험해 보아야 한다는 것입니다. 옛날에는 말보다는 실력으로 공정하게 시험을 치렀지만 지금은 그러한 시험 제도가 폐지되어 사람들의 명성만으로 인재를 뽑고 있습니다. 그러므로 진짜와 가짜가 뒤섞여 있어 진짜를 가리기 어려운 형편입니다. 따라서 시험을 치르게 해서 그들이 참으로 재능과 학식이 있는지를 살펴보아야 합니다."

이 말을 들은 황제는 폐지했던 시험 제도를 다시 시행하도록 했다. 이 이야기에서 '그림의 떡'이라는 속담이 유래했다.

먹을 수 없어 아무런 쓸모가 없고 실속이 없는 일을 비유하거나 먹을 수 없는 그림의 떡으로 배를 채우는 것처럼 허황된 생각으로 스스로를 위안하는 일을 비유하는 말이다.

Life is like Seong's horse

Long time ago, there lived an old man named Seong in the Northern area. One day, Seong's horse ran off to the land of the Barbarians. When the village people tried to console him for his loss, the wise, Seong just replied, “Even though I lost my horse, I may be in luck.” The villagers were perplexed until a few months later the horse came back with a mare. The villagers were thrilled for Seong and congratulated him. This time, the Seong replied, “Even though I gained a mare, misfortunes may await.” Few days later, the Seong's son fell off of the mare and broke his legs. And so the villagers lamented his misfortunes, but the Seong replied, “Even though my son broke his legs, good fortune may await.” Few weeks later, a nearby encampment of Barbarians attacked China. All eligible males were called upon to fight in the war. Fortunately, Seong's son was exempted from the war because of his broken legs. From this story, we get our proverb “Life is like Seong's horse.”

Meaning

Good fortune can breed misfortune, and misfortune can breed good fortune.

인간만사 새옹지마

옛날 중국 북쪽 국경 근처에 한 노인이 살고 있었다. 어느 날 그의 말이 오랑캐 땅으로 달아나 버렸다. 마을 사람들이 노인을 위로하자 그는 "누가 알겠소? 이것이 복이 될지…." 하고 아무렇지 않게 말했다.

몇 달이 지나자 오랑캐 땅으로 도망갔던 노인의 말이 좋은 암말을 데리고 돌아왔다. 그러자 마을 사람들이 축하해 주었다. 하지만 노인은 "누가 알겠소? 이것이 화가 될지…." 하며 전혀 기뻐하지 않았다.

얼마 지나지 않아 노인의 아들이 그 말을 타다가 떨어져 절름발이가 되었다. 마을 사람들이 노인을 위로하자 노인은 "누가 알겠소? 이것이 복이 될지…." 하며 표정을 바꾸지 않고 평소대로 행동했다.

그로부터 얼마 지나지 않아 북방 오랑캐가 침략해 왔다. 나라에서는 징집령을 내려 젊은이들이 모두 전장에 나가야 했다. 그래서 그 마을 젊은이들도 모두 전쟁터로 나갔다. 하지만 노인의 아들은 절름발이였기 때문에 전쟁터에 가지 않고 살아남을 수 있었다.

이 이야기에서 '인간만사 새옹지마'라는 속담이 유래했다. '새옹지마'는 북방에 사는 노인의 말이라는 뜻이다.

의미

인간의 행복과 불행은 항상 바뀌어 미리 알 수 없음을 뜻하는 말이다.

Trying to get rid of a lump will lead to another lump

Long time ago in a small town, there lived an old man with a big lump on his neck. One day, the old man was travelling through a forest when he realized that it was too late to go back home. As he followed the trail, he came across an old cottage. Going in the cottage, the old man was afraid so he began singing his favorite song. Suddenly, a group of goblins appeared. "Oh what beautiful voice you have! How can you sing so beautifully?" asked the goblins. The old man jokingly replied, "It is my lump that is the source of my beautiful voice." The goblin offered, "I will trade you gold for your lump! However much gold you'd like!" The old man could not turn down the offer and became very wealthy from his lie! When he came back to the village the next day, the news spread through the town very quickly. A greedy man in town heard of this news and also went in to the woods. The greedy man, too, had a nice voice and began singing. "Oh what beautiful voice you have!" exclaimed the goblins who showed up for the greedy man. "Yes, it is my lump that gives me my beautiful voice," said the greedy man. "Oh, is that so! Well, here's another!" yelled all of the goblins in unison. They had given the greedy man the old man's lump too!

From this story, we get our proverb "Trying to get rid of a lump will lead to another lump."

Meaning

Trying to lessen your work can gain you more work.

혹 떼러 갔다가 혹 붙여 온다

옛날 옛적에 볼에 커다란 혹이 달린 영감이 살고 있었다. 이 영감이 하루는 산에 나무를 하러 갔다가 그만 길을 잃고 말았다. 한참을 헤매다가 빈 집을 발견하고 그 집에서 하루를 묵기로 했다. 밤이 되자 영감은 너무나 무서워서 노래를 부르고 있었다. 그때 도깨비 몇 마리가 나타나서 "이봐 영감, 그 아름다운 소리는 어디에서 나오는 거야?" 하고 영감에게 물었다. 영감은 엉겁결에 자기의 얼굴에 있는 혹을 가리키며 "여기 노래 주머니에서 나오지." 하고 말했다. 그러자 도깨비가 그 노래 주머니를 떼어 주면 금은보화를 주겠다고 했다. 그렇게 해서 영감은 혹을 떼어 주고 금은보화를 잔뜩 얻어 큰 부자가 되었다.

그 소문을 듣고 이웃 마을에 사는 욕심이 많은 영감이 찾아왔다. 그도 얼굴에 혹이 달려 있었다. 그 영감도 금은보화를 얻을 욕심으로 도깨비가 살고 있는 빈 집을 찾아가 노래를 부르기 시작했다. 그러자 도깨비들이 나타나서 그 노래가 어디서 나오냐고 물었다. 그러자 욕심쟁이 영감도 "여기 노래 주머니에서 나오지." 하며 자기 얼굴의 혹을 가리켰다. 그러자 도깨비들이 "영감이 우리를 또 속이려고 왔구나. 지난번에 우리에게 거짓말을 하고 혹을 떼어 주었으니 다시 가지고 가라!" 하고 크게 화를 내면서 처음 영감에게서 떼어냈던 혹을 더 붙여주었다. 욕심쟁이 영감은 혹을 떼고 재물을 얻으러 갔다가 도깨비들에게 망신만 당하고 혹을 하나 더 붙여 왔다. 이 이야기에서 '혹 떼러 갔다가 혹 붙여 온다'는 속담이 유래했다.

의미

자신의 부담을 덜려고 하다가 다른 일까지도 맡게 된 경우를 비유적으로 이르는 말이다.

He who steals a needle will steal an ox

A long ago in a small village, there lived a mother and her young son. As it was her only son, the mother loved him very much and gave him whatever he wanted. But one day, the boy stole a small needle from the neighbor's and gave it to his mother. Instead of punishing her son, the mother complemented him for his thriftiness. The son began to steal other small things, and the mother just complemented her child. As the boy grew in to a man, he began stealing bigger and bigger things. Eventually, he was jailed for stealing an ox. The son cried to his mother, "Mother, why didn't you punish me for stealing things when I was a child? I have become a thief!" The mother was distraught, but there was nothing she could do. From this story, we get our proverb "He who steals a needle will eventually steal an ox."

Meaning

Small bad deeds can lead to bigger and worse deeds.

바늘 도둑이 소도둑 된다

옛날 옛적 어느 마을에 홀어머니와 아들이 살고 있었다. 어머니는 아들을 너무 사랑하여 아들의 말을 잘 들어주고 늘 칭찬을 해 주었다.
그러던 어느 날 어머니가 바느질을 하다가 바늘을 잃어버렸다. 그러자 아들은 옆집에서 바늘을 훔쳐 어머니에게 주었다. 어머니는 바늘을 훔친 아들을 나무라지 않고 엄마를 도와주는 착한 아들이라고 칭찬해 주었다. 칭찬을 들은 아들은 자라면서 조금씩 남의 것을 훔치기 시작했다. 그래도 어머니는 사소한 것을 훔쳤으니 괜찮을 것이라며 아들을 꾸짖지 않았다.
아들은 어른이 되어서 이웃집 소를 훔친 죄로 감옥에 가게 되었다. 그러자 아들은 어머니를 원망하며 말했다.
"어머니, 제가 남의 것을 훔쳐 왔을 때 왜 저를 꾸짖지 않으셨어요? 어머니께서 저의 나쁜 행동을 꾸짖어 주셨다면 제가 이렇게 도둑질을 하지 않았을 텐데요."
어머니는 어릴 때부터 올바른 행동을 가르치지 않아 아들이 결국 도둑이 된 것을 크게 후회했다. 이 이야기에서 '바늘 도둑이 소도둑 된다'는 속담이 유래했다.

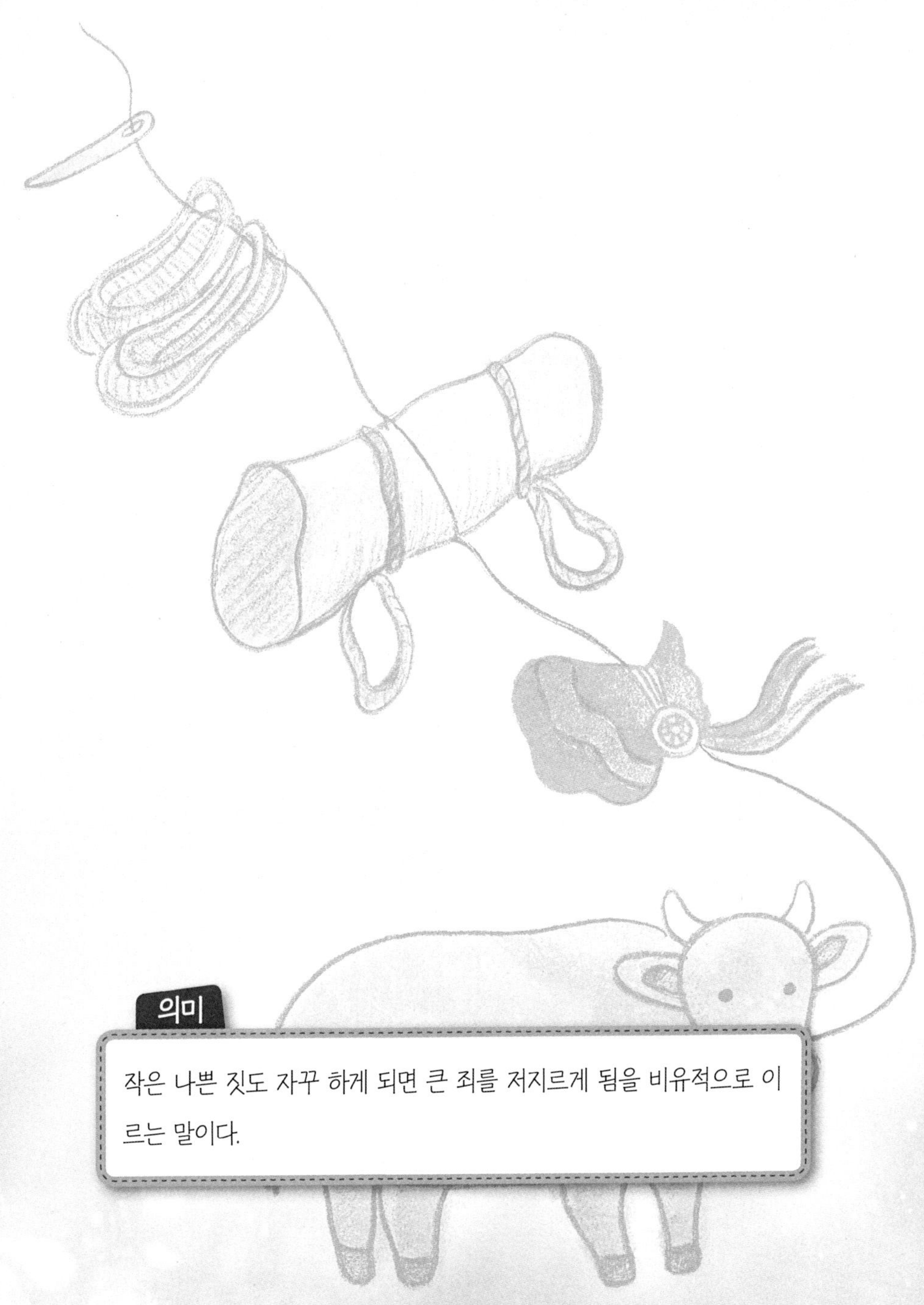

의미

작은 나쁜 짓도 자꾸 하게 되면 큰 죄를 저지르게 됨을 비유적으로 이르는 말이다.

My nose is three feet

Long ago in a small town lived a man named Bang Li. Bang Li was poor, so he lived with his mean younger brother who was very wealthy. Neighbours helped Bang Li by lending him some land, on which he could farm, but Bang Li had no seeds to sow. When Bang Li asked his younger brother for some seeds and some silkworm eggs, the younger brother boiled the seeds and the silkworm eggs before giving them to Bang Li. Bang Li didn't notice his evil brother's wickedness and planted the seeds and took care of the silkworm eggs. Magically, one of the silkworm eggs hatched and grew up to the size of a cow. The jealous brother killed the giant silkworm. After the death of the giant worm, silkworms from all over the world came to Bang Li's house and made an enormous amount of thread. Also one of the seeds grew, forming the plants head. One day, a bird picked up the plants head and flew off into the forest. Furious, Bang Li chased after the bird and got lost his way back home. While searching his way home, he found a golden hammer that belonged to the forest goblins. The Golden Hammer had the power grant any wish and Bang Li became extremely wealthy. Hearing this, Bang Li's brother became very jealous. The

Meaning

This proverb is used to note circumstances when one cannot help another due to one's own hardship.

younger brother went to the same mountain the next day but was quickly found by the goblins. The goblins assumed that he was the one stole their hammer! The brother's punishment was to build a gigantic wall within 3 days. If he fails, the goblins said that they would change his nose into an elephant nose! Ultimately, the younger brother was left with an elephant nose and lived hidden for the rest of his life. From this story, we get our proverb "My nose is three feet."

내 코가 석 자

옛날 옛적 김방이와 그의 동생이 한 마을에 살고 있었다. 동생은 아주 부자였는데, 형인 방이는 가난하여 구걸을 하며 살았다. 이때 어떤 사람이 방이에게 땅을 조금 주며 농사를 지어 먹고 살라고 했다. 그러나 씨앗이 없어서 농사를 지을 수 없었던 방이는 동생을 찾아가 누에와 곡식 씨앗을 조금 달라고 했다. 심술이 사납고 욕심이 많은 동생은 누에알과 씨앗을 삶아서 형에게 주었다. 이를 모르는 방이는 누에를 열심히 치고 씨앗도 뿌려 정성껏 가꾸었다.

누에가 잘 자라는 계절이 돌아오자 삶은 누에알 중에서 한 마리가 살아 나왔다. 그 누에는 날마다 무럭무럭 자라더니 황소만큼 커졌다. 질투가 난 동생이 형의 집으로 와서 누에를 죽이고 말았다. 그러자 여기저기에서 누에들이 방이의 집으로 모두 모여 실을 만들어 주었다. 그래서 방이는 누에 왕이 되었다.

삶은 씨앗에서도 한 줄기가 살아 나와 쑥쑥 잘 자라더니 이삭이 영글었다. 어느 날 새 한 마리가 날아와 잘 익어가던 이삭을 물고 날아가 버렸다. 방이는 이삭을 찾으러 새를 쫓아 산꼭대기까지 올라갔다. 해는 저물고 어두워지자 방이는 바위에 기대어 쉬고 있었다. 밤이 깊어지자 빨간 옷을 입은 어린 도깨비들이 방이의 앞에서 놀고 있었다. 한 도깨비가 금방망이를 꺼내어 돌을 두드리니 원하는 대로 음식이 쏟아져 나왔다. 도깨비들이 음식을 먹고 나더니 금방망이를 바위틈에 끼워놓고 어디론가 가버렸다. 그 방망이는 도깨비들이 가지고 다니는 것인데 무엇이든지 말하기만 하면 소원이 이루어지는 신기한 물건이었다. 방이는 도깨비들이 놓고 간 방망이를 가지고 돌아와 동생보다 더 큰 부자가 되었다.

질투가 난 동생도 형처럼 행동하여 새를 쫓아가 산 속에서 도깨비들을 만나게 되었다. 그런데 도깨비들이 크게 화를 내며 "이놈이 내 금방망이를 훔쳐간 놈이다. 그러니 금방망이를 훔쳐간 대가로 3일 안에 담을 쌓아놓아라. 만약에 담을 쌓지 못하면 너의 코를 쏙 빼놓을 것이다!" 하고 말했다. 동생은 3일 동안 아무것도 먹지 못하고 담을 쌓았으나 완성하지 못했다.

그러자 도깨비들이 동생의 코를 코끼리 코처럼 쏙 빼어 놓고 말았다. 동생은 코가 코끼리 코처럼 되어 마을로 돌아왔다. 동생의 모습을 본 마을 사람들이 여기저기서 수군거렸다. 동생은 코가 창피하여 집 밖으로 나오지 않았다. 결국 동생은 부끄러움을 참지 못하고 속을 태우다가 죽고 말았다. 이 이야기에서 '내 코가 석 자'라는 속담이 유래했다.

의미

내 사정이 급하고 어려워서 남을 돌볼 여유가 없음을 비유적으로 이르는 말이다.

Already spilled water

Long ago in China, there was a man named Tae Gong Gang. Tae Gong was a politician, but before he became a politician, he was quite poor. As a young boy, he was very intelligent. However, because he was so poor, he was given neither recognition nor opportunities to achieve greater things. Tae Gong did not give up, just like his fishing trips when he comes back with no fish almost every day. It wasn't so much that Tae Gong was a bad fisherman, but that he could not afford a hook. Tae Gong spended many years like this. It wasn't long until Tae Gong's wife abandoned him.

One day, Tae Gong was fishing as usual when the King passed by. When the king spoke with him, it was apparent that Tae Gong was extremely intelligent. The king invited Tae Gong to work for his government. Tae Gong worked hard and became an influential politician by the age of 80. When his former wife heard of the news, she came searching back for her husband. Tae Gong asked his former wife "Please bring me a bowl of water." When she did, he immediately spilled the water on to the floor. "If you can get the water back into the bowl, we shall

Meaning

You can't undo a mistake that is already made.

be together again." No matter how hard she tried, she could not do such a feat. Tae Gong said "Spilled water cannot be restored, just like our former lives as husband and wife." From this story, we get our proverb "Already spilled water."

이미 엎질러진 물

강태공은 중국 주나라의 정치가였다. 그는 원래 가난한 선비로, 젊었을 때 열심히 공부를 했으나 알아주는 사람이 없어 어렵고 힘들게 살았다. 그런 상황에서도 강태공은 일은 하지 않고 매일 강가에서 낚시만 했다. 하지만 집에 돌아올 때는 항상 빈 망태뿐이었다. 낚시 솜씨가 없어서가 아니라 처음부터 바늘을 꽂지 않고 낚싯대만 물에 담가 두었던 것이다. 강태공은 오랜 세월을 이렇게 보냈다. 강태공의 부인은 무능력한 남편과 살 수 없다고 하여 강태공을 버리고 떠나버렸다.

어느 날 주나라 왕이 어질고 총명한 사람을 만나는 꿈을 꾸었다. 그날 이후 나랏일을 잘할 수 있는 인재를 찾으러 다니던 왕은 강가에서 낚시를 하고 있는 강태공을 발견했다. 왕은 강태공과 이야기를 나눈 후에 그가 평범한 사람이 아니라 아주 총명하고 인품이 훌륭한 사람이라는 것을 알고 높은 벼슬을 주었다. 이때 강태공의 나이는 여든 살이었다.

강태공이 높은 벼슬자리에 앉았다는 소식을 들은 강태공의 부인이 그를 찾아와 잘못을 뉘우치며 다시 함께 살기를 부탁했다. 그러자 강태공은 부인에게 물 한 그릇을 떠오라고 했다. 정성껏 떠온 물을 강태공은 바닥에 쏟아 붇고 부인에게 "이 물을 다시 그릇에 담을 수 있다면 부인으로 다시 삼겠소."라고 말했다.

그러나 아무리 긁어모아도 이미 엎질러진 물을 주워 담을 수는 없었다.

강태공은 그녀에게 말했다. "이미 엎질러진 물, 우리도 다시 합치기는 어렵소." 이 이야기에서 '이미 엎질러진 물'이라는 속담이 유래했다.

의미

한 번 저지른 실수는 다시 수습하지 못한다는 말이다.

Because of Wizard's Play, One does not notice his rotten axe

Long ago in China, there lived a man named Wang Jil. Wang Jil was a lumberjack. One day, Wang Jil went into the mountains with his axe, but he somehow got lost. While Wang Jil was trying to find his way back home, he came across few old men playing checkers. Wang Jil stopped and started to watch the old men play checkers. Few minutes later, his stomach began growling with hunger. One of the old men gave Wang Jil a small fruit. After eating the fruit, Wang Jil suddenly felt strong and no longer hungry. After a long time, the old men's game finished, so Wang Jil decided to be on his way back home. When he picked up his axe, he realized that his axe has completely rotted. He thought it was strange but continued his way home. When he reached his house, it was completely abandoned and torn down. This was the nature of the old men wizards in the forest. When one is with the nature wizards, few minutes become years, and one can lose track of time. From this story, we get our proverb "Because of Wizard's Play, One does not notice his rotten axe."

Meaning
This proverb is used to express the
apparently quick passing of time
when one is enjoying his or herself.

신선놀음에 도끼 자루 썩는 줄 모른다

옛날 중국 진나라 때 석실산 기슭에 왕질이라는 나무꾼이 살고 있었다. 그가 어느 날 나무를 하러 산으로 깊이 들어갔다가 그만 길을 잃고 말았다. 왕질은 한동안 길을 헤매다가 나무 아래에서 노인들이 바둑을 두고 있는 모습을 보게 되었다. 그는 도끼와 나뭇짐을 내려놓고 바둑을 구경하기 시작했다.

왕질은 바둑을 구경하느라 정신이 팔려 시간 가는 줄도 모르고 있었다. 그러다가 배고픔을 느끼게 되었을 때 바둑을 두던 노인이 어떤 열매를 주었다. 그것을 받아먹자 갑자기 기운이 솟아나며 배가 고프지도 않고 목도 마르지 않았다. 한참 후에 바둑이 끝나자 왕질은 이제 그만 집으로 돌아가기 위해 일어서서 도끼를 집어 들려고 했다. 그런데 이게 어찌 된 일인가? 도끼자루가 썩어 버린 것이 아닌가!

깜짝 놀란 왕질은 허둥지둥 산을 내려왔다. 집에 돌아와 보니 자신의 살던 집이 폭삭 내려앉아 있었다. 그래서 동네사람에게 물어 보았으나 잘 알지 못했다. 이미 몇 백 년의 세월이 흘러버린 뒤였기 때문이다.

왕질이 산속에서 만난 노인들은 신선이었다. 신선은 인간 세계를 떠나 자연과 함께 사는 사람이다. 그래서 신선이 사는 세계와 인간이 사는 세계는 서로 다르다. 잠깐 동안 바둑 구경을 했는데 인간 세계는 도끼 자루가 썩을 만큼 긴 시간이 흘러가고 만 것이다. 이 이야기에서 '신선놀음에 도끼 자루 썩는 줄 모른다'는 속담이 유래했다.

의미

아주 재미있는 일에 정신이 팔려서 시간 가는 줄 모르는 경우를 비유적으로 이르는 말이다.

Eating is a nuisance, but giving it away is regretful

A long time ago in Joseon Dynasty, there lived a selfish prime minister. He received numerous gifts and offerings, but rather than sharing them with others, he stored it away in his chambers. The selfish prime minister loved his pile of gifts. Among these gifts were fish and meat that rotted because he did not have time in the world to eat them all. Eventually, his chambers began to stink of rotting fish and meat. His advisors insisted that the rotted gifts should be thrown out, but the prime minister refused. It was said that the prime minister was too lazy to eat it, but too selfish to give it away. This is where we get our proverb "Eating is a nuisance, but giving it away is regretful."

Meaning
It is used to describe people who do not truly want something, but is reluctant to give it away.

저 먹자니 싫고 남 주자니 아깝다

조선시대에 영의정을 지낸 어떤 대감이 있었다. 그는 지독한 욕심쟁이로 여러 사람에게 받은 뇌물을 쓰지도 않고 몇 년간 창고에 가득 쌓아두었다. 오로지 재산이 늘어나는 것을 즐거움으로 삼고 살았다. 그가 받은 뇌물 중에는 생선과 고기도 있었다. 대감은 생선과 고기가 썩어가도 누구에게도 나누어 주지 않았다. 그리고 자신도 먹지 않았다. 세월이 지나자 그 창고에서 생선과 고기가 썩어가는 냄새가 온 집안에 가득 퍼졌다. 그 대감은 주위 사람들이 썩은 물건을 버리자고 말을 하면 크게 화를 냈다.

그러자 주위 사람들은 이렇게 수군거리면서 대감을 비웃었다.

"저 욕심꾸러기 대감은 저 먹자니 싫고, 남 주는 것도 아까워하고, 썩은 물건도 버리지 못하는구나."

이 이야기에서 '저 먹자니 싫고, 남 주자니 아깝다'는 속담이 유래했다.

의미

자신에게는 소용이 없는 것인데도 남에게는 주기 싫어하는 인색한 마음을 비유적으로 이르는 말이다.

The former governor is the wiser governor

Long ago during the Joseon Dynasty, there lived a magistrate in the Hamgyong Province. The magistrate had such poor work ethics that he could not keep peace in his town. One day, a poor farmer came to him for help in catching a thief. However, the magistrate told him, “How can I catch a thief that even you don’t know anything about him?” The magistrate chased the farmer away from his office. Few months later, a new magistrate was assigned to the town. The farmer asked the new magistrate this time to help him catch the thief. The new magistrate simply replied, “Become a thief and steal your things back, but only your stuff.” Upon hearing the new magistrate’s advice, the farmer realized that the old magistrate was not so bad. This is how the proverb “The former governor is the wiser governor” came about.

Meaning

The one who had more experience is the wiser one.

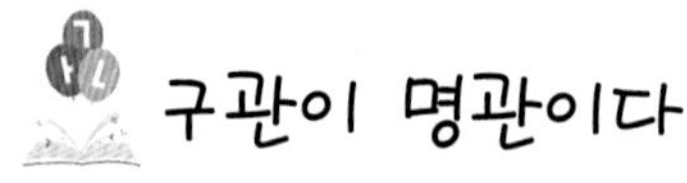

구관이 명관이다

조선시대 때 함경도에 한 사또가 있었다. 그런데 이 사또는 일을 잘 못해서 백성들의 근심거리를 제대로 해결해 주지 못했다. 어느 날 한 농부가 찾아와 어젯밤에 자기 집에 도둑이 들었으니 그 놈을 잡아달라고 사정을 했다. 그러자 사또는 "너도 모르는 도둑을 내가 무슨 수로 잡느냐?"는 말만 하고 농부를 돌려보냈다.

몇 달 후 새로운 사또가 부임해 왔다. 농부는 새로 온 사또에게 다시 도둑을 잡아달라고 부탁을 했다. 그러자 그 사또는 해결할 수 있는 방법을 알려주겠다며 "너도 이제 돌아가서 도둑질을 해라. 도둑질을 해서 네 물건을 도로 찾아라. 반드시 네가 잃어버린 것을 도둑질해야 한다." 하고 말했다. 농부에게 도둑맞아 잃어버린 물건을 도둑질을 해서 찾으라는 것이었다.

그 말을 들은 농부는 차라리 옛날 사또가 더 낫다고 말했다. 그 뒤부터 "옛날 사또가 지금 사또보다는 더 낫다"는 말이 나돌게 되었다. 이 이야기에서 '구관이 명관이다'는 속담이 유래했다.

의미

무슨 일이든 경험이 많거나 익숙한 사람이 더 잘한다는 것을 비유적으로 이르는 말이며, 나중 사람을 겪어 봄으로써 먼저 사람이 좋은 줄을 알게 된다는 것을 의미하기도 한다.

Like mother, like son

Long time ago in China, there lived a man named Jeon Jic who worked under the king. One day, a man who worked for Jeon Jic bribed him with a large sum of money for a better position in the king's court. Jeon Jic took the bribe and gifted it to his mother. However, the mother reprimanded Jeon Jic for taking bribes and told him to return the money. Jeon Jic obliged and apologized to his mother. His mother, however, was not pleased yet. She told Jeon Jic to tell the king what had happened. Jeon Jic obliged and told the king that he had returned the bribe and that he would never be tempted again. The king appreciated Jeon Jic's honesty and commended his mother for raising her son properly. After that day, Jeon Jic became a successful prime minister. From this story, we get our proverb "Like mother, like son."

Meaning

This proverb is used to stress the importance of mother's role in raising children.

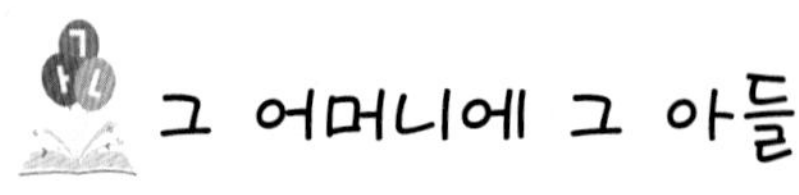

그 어머니에 그 아들

옛날 중국 제나라에 전직이라는 사람이 재상 자리에 올랐다. 어느 날 전직의 밑에서 일을 하던 한 사람이 남몰래 전직에게 2천 냥의 은전을 뇌물로 보내왔다. 2천 냥을 받아든 전직은 생각했다.

'한평생 어머니께서는 나를 이토록 키우고 성공을 시키느라고 무진 고생을 다 하셨으니 이 돈은 당연히 어머님께 갖다 드려야겠다.'

그래서 전직은 그 돈을 어머니께 갖다 드렸다. 그러나 큰돈을 받은 어머니는 기뻐하지 않고 전직에게 "아들아, 이 많은 은전은 갑자기 어디서 난 것이냐?" 하고 물었다. 전직은 어머니께 아랫사람에게서 뇌물로 받은 돈이라고 사실대로 말씀드렸다. 그러자 어머니는 엄한 표정으로 전직을 크게 꾸짖었다.

"너는 한 나라의 대신으로 등용된 몸이기에 나랏일을 걱정하고 고민해야 하는데도 다른 사람의 돈과 재물을 뇌물로 받아먹다니 큰 잘못을 했구나. 당장 돌려 주거라!"

어머니의 말에 전직은 즉시 은전을 원래 주인에게 돌려주고 돌아와서 무릎을 꿇고 용서를 빌었다. 그러자 어머니는 "네가 진정으로 뉘우쳤다면 너의 잘못을 임금께 고하고 용서받아라." 하고 말했다.

이렇게 해서 전직은 임금 앞에 나아가 용서를 빌었다. 전직의 말을 들은 임금은 전직의 어머니의 품성에 큰 감동을 받았다. 그래서 전직을 벌하지 않고 계속 재상 자리를 맡겼다. 그 뒤 전직은 훌륭한 재상이 되었다. 그리고 세상 사람들은 전직에게 "그 어미에 그 아들"이라며 칭찬했다. 이 이야기에서 '그 어머니에 그 아들'이라는 속담이 유래했다.

의미

자식의 재능이나 행실이 자기 어머니를 닮았을 경우를 이르는 말이다.

Words could become seeds

Long ago during the Joseon Dynasty, there lived a king named Seong Gye Lee who had eight sons. Seong Gye was distressed about which of his sons should inherit his throne. Seong Gye eventually passed on his reign to his second son Bang Gwa Lee and went back to his hometown of Ham Heung, but then the brothers started a brawl. It was a fight for the position as a King. In the end, the fifth son Bang Won Lee became the new King of Joseon. After becoming the king, Bang Won suddenly began to greatly miss his father. However, when Bang Won sent his men to retrieve his father, Seong Gye killed all of the soldiers. Bang Won eventually was forced to send a man named Seok Lin Sung, Seong Gye's old friend. When Seok Lin finally reached the old king, Seong Gye asked him if he came to take him back to the palace. Seok Lin lied and replied, "No, I am just here as a friend. If I am lying, my sons and grandsons will all be born blind!" After a long talk with Seong Gye, Seok Lin came back home. Few years later, Seok Lin's sons and grandsons all became blind. From this story, we get our proverb "Words could become seeds."

Meaning
Things that have been said are finally happening.

말이 씨가 된다

조선을 건국한 태조 이성계는 아들이 여덟 명이나 있었다. 그래서 누구에게 왕위를 물려주어야 할지 고민이었다. 그런데 아들들이 서로 왕이 되겠다고 싸우자 둘째 아들 방과에게 왕위를 물려주고 자신이 태어난 함흥으로 가서 돌아오지 않았다. 그 뒤 이성계의 다섯째 아들인 이방원은 왕자의 난을 일으킨 후 왕위에 올랐다.

왕이 된 이방원은 아버지 이성계가 궁으로 돌아오기를 바라는 뜻에서 함흥으로 차사를 보냈다. 그러나 태조 이성계가 함흥으로 오는 차사들을 돌려보내지 않고 모두 죽였다는 말이 나돌았다. 실제로 함흥차사로 가면 다시는 한양으로 돌아올 수 없었다.

그러자 태종 이방원은 성석린을 함흥으로 보냈다. 성석린은 이성계가 친구로 대할 만큼 신뢰가 깊은 사람이었다. 성석린이 함흥에 왔다는 소식을 들은 이성계는 성석린을 만나서 함흥차사로 온 것인지, 아니면 친구로 온 것인지를 물었다. 그러자 성석린은 친구로 왔다고 하며 "만약 저의 말이 거짓이면 저의 자손들이 반드시 눈이 멀어 장님이 될 것입니다."라고 말했다.

이 말을 들은 이성계는 성석린을 죽이지 않고 돌려보냈다. 그는 함흥에 간 차사들 중에 유일하게 살아서 돌아왔다. 하지만 그 뒤 성석린의 장남과 장손자는 물론 증손자까지 장님이 되었다. 이 이야기를 전해들은 사람들은 성석린이 이성계에게 한 말을 떠올리며 "말은 씨가 되니 조심해야 해야 된다."고 했다. 이 이야기에서 '말이 씨가 된다'는 속담이 유래했다.

의미

늘 말하던 것이 마침내 사실대로 되었을 때를 이르는 말이다.

You can make a needle by grinding iron

Long ago during the Tang Dynasty, there lived a man named Lee Baek. Together with Dooboe, Lee Baek was a famous poet. They were both official representatives to China. Lee Baek, as a young boy, went deep into the forest to study. However, he couldn't hold on for much longer so he came out of the forest. On his way out, he saw a small stream and an old woman. He asked her what she was doing, to which she replied, "I am trying to make a needle." Lee Baek laughed and replied, "How can you make a needle out of a pestle? It will take you a very long time." The old woman replied, "You should not laugh. It is patience, young man. If you have your mind set, it can surely be done." Lee Baek was inspired by the old woman's wise words. He quickly ran back in to the forest to continue his studies. From this story, we get our proverb "You can make a needle by grinding iron."

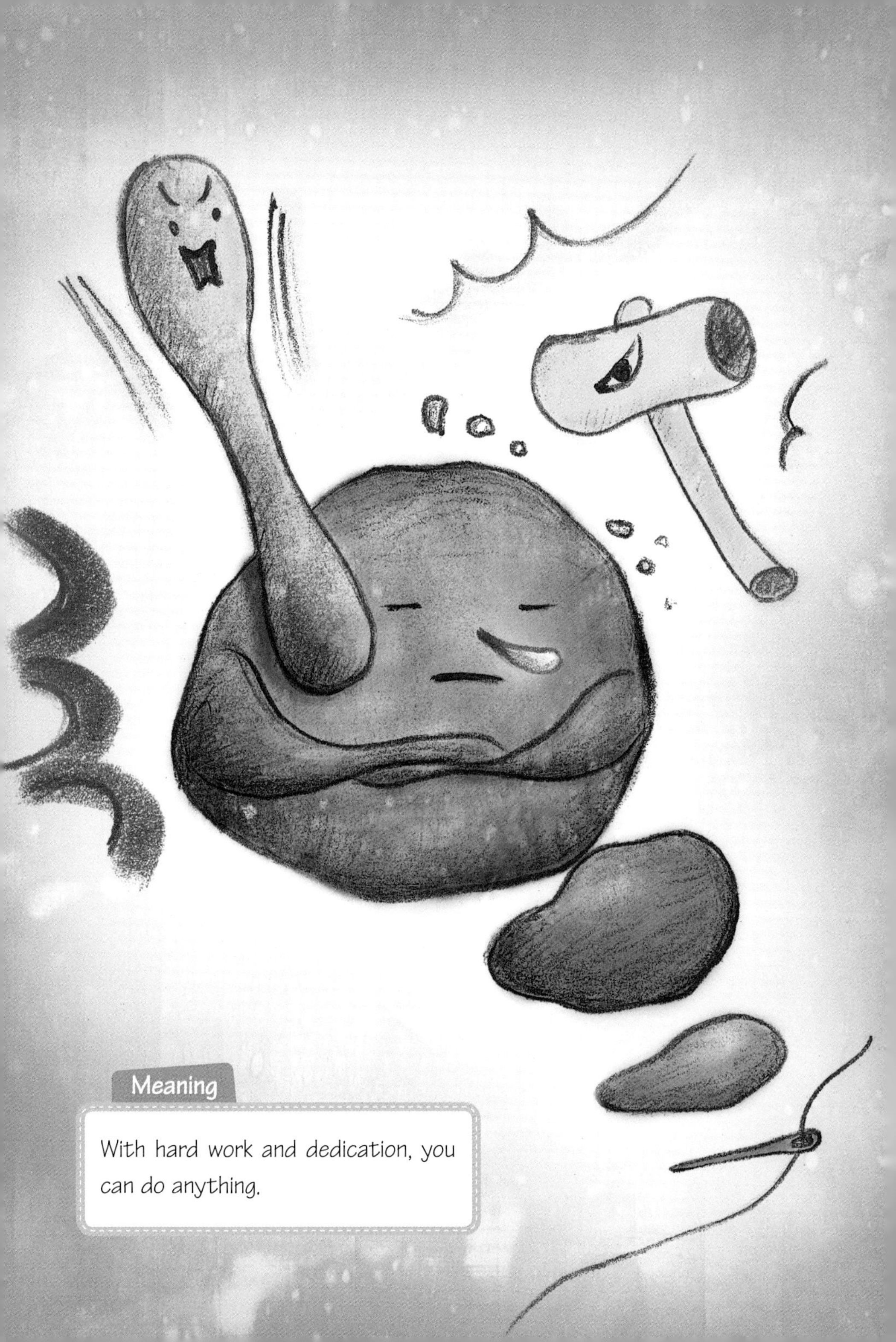

Meaning

With hard work and dedication, you can do anything.

무쇠도 갈면 바늘이 된다

옛날 중국 당나라에 이백이 살고 있었다. 이백은 두보와 함께 중국을 대표하는 시인으로 손꼽히는 인물이다. 이백이 젊었을 때 공부를 하기 위해 홀로 산 속으로 들어갔다. 하지만 이백은 깊은 산 속에서 홀로 공부하는 것을 견디지 못하고 산을 내려가게 되었다.

이백이 산을 내려와 계곡에 다다랐을 때, 한 할머니가 바위에 대고 무쇠로 된 절굿공이를 갈고 있는 것을 보았다. 그러자 이백은 할머니에게 지금 무엇을 하고 있는지를 여쭈었다.

"할머니, 지금 대체 뭘 만들고 계신 거예요?"

"바늘을 만들려고 갈고 있는 거란다."

할머니의 대답을 들은 이백은 큰 웃음을 터뜨리면서 이렇게 말했다.

"할머니, 어느 세월에 절굿공이를 갈아서 바늘을 만들어요?"

그러자 할머니는 정색을 하고 대답했다.

"웃을 일이 아니다. 절굿공이로 바늘을 만들고자 하는 마음만 있으면 언젠가는 바늘이 만들어진단다. 갈고 또 갈면 안 될 것도 없겠지."

이 말을 들은 이백은 큰 깨우침을 얻었다. 그리고 제대로 공부를 해보지도 않고 그만 두었던 자신을 반성하고 다시 산 속으로 들어가 공부를 계속했다. 이 이야기에서 '무쇠도 갈면 바늘이 된다'는 속담이 유래했다.

의미

꾸준히 노력하면 어떤 어려운 일이라도 이룰 수 있다는 말이다.

Did that get a Hua Su Bun?

Long ago during reign of Qin Shi Huang, the country was busy building the Great Wall of China. To keep the wall strong, the workers gathered the resources to make lime. However, lime required a lot of water to make. Thus, the king called upon 10 million people to each bring a large bucket of water. For some odd reason, no matter much water they used up, there was endless amount of water. This lucky event was called Hua Su Bun.

There is another short story about this proverb.

Long ago in a city called Anshan lived a nice family who farmed the lands. One year, to their misfortune, all of their crops failed to produce seed. They were devastated. With no crops to sell or eat, the mother sold a lock of her hair to buy a small bag of rice. As the husband carried the bag home, he saw a starving man on the streets. The husband shared some of his rice with the homeless man. Being grateful, the homeless man gifted the husband with his old rice bowl. When the husband came back home, he realized that he did not have enough rice to feed his family. To his surprise, the homeless man's bowl magically filled with rice. Every time the bowl was empty, it magically refilled with rice! The kindness of the husband saved his family from hunger. From this story, we get our proverb "Did that get a Hua Su Bun?"

Meaning

Watch out for those who spend their fortune like they spend water.

화수분을 얻었나?

옛날 중국의 진시황 시절 만리장성을 쌓을 때의 일이다. 성을 쌓으려면 회를 개어 성벽에 발라야 한다. 회를 개려면 굉장히 많은 물을 써야 하는데, 일일이 길어다 쓸 수가 없었다. 그래서 높은 산봉우리 위에 구리로 큰 동이를 하나 만들어 놓고 군사 10만 명을 풀어 날마다 황하의 물을 길어 그 동이에 채우게 했다. 각 공사장에서 쓰는 물은 그 동이에서 끌어다 썼는데 워낙 많은 군사가 길어다 채우는 물이라 아무리 써도 바닥이 드러날 날이 없었다. 이 동이를 황하의 물을 길어다 붓는 동이라 하여 하수분이라 하던 것인데, 이것이 와전되어 오늘날 화수분이 된 것이다. 이 이야기에서 '화수분을 얻었나?'라는 속담이 유래했다는 말이 있다.

우리나라에서도 관련 이야기가 전해 내려오고 있다.

옛날 경기도 안산에 마음씨가 착한 유 씨라는 사람이 살고 있었다. 어느 해 농사를 지어 놓았으나 가뭄이 들어 수확할 농작물이 전혀 없어서 온 식구들이 굶어 죽게 되었다. 그러자 유 씨의 부인이 자신의 긴 머리칼을 싹둑 잘라 남편에게 주며 곡식과 바꾸어 오라고 했다. 유 씨는 장에 나가 부인의 긴 머리칼을 주고 곡식을 조금 얻어 집으로 돌아오는 길에 길가에서 바가지를 놓고 구걸을 하는 거지를 보게 되었다. 유 씨는 그 거지가 불쌍하다는 생각이 들어 곡식을 주고 대신에 빈 바가지를 얻어 왔다. 유 씨 부인이 "가족들은 배가 고파 죽을 지경인데 어찌하여 빈 바가지를 들고 돌아왔소." 하고 말했다. 그러자 유 씨가 바가지를 보며 "우리보다 더 불쌍한 사람에게 곡식을 주었소." 하고 대답했다. 그러자 갑자기 그 바가지에 쌀이 가득 찼다. 쌀을 다른 곳에 부어 놓으면 다시 바가지에 쌀이 가득 채워졌다. 그 쌀로 가족들은 물론 온 동네 사람들까지도 배부르게 밥을 먹었다. 사람들은 그 바가지를 하수바가지라고 불렀다. 이 이야기에 나오는 하수바가지가 하수분이 되어 '화수분을 얻었나?'라는 속담으로 전해 내려왔다는 설이 있다.

화수분은 재물이 계속 나오는 보물단지로 그 안에 온갖 물건을 담아 두면 끝없이 새끼를 쳐 그 내용물이 줄어들지 않는다는 설화 속의 단지를 말한다. 중국의 하수분 이야기와 우리나라 하수바가지 이야기 중에서 '화수분을 얻었나?'라는 속담이 유래한 것으로 볼 수 있다.

의미

재물을 물 쓰듯이 하는 사람을 경계하는 말로 사용된다.

Put on a Bya Rak Gam Too

Long ago during the Joseon Dynasty, there lived a man named Gwan Myung Lee. He was well admired for his love for literature. Because of his intelligence, Gwan Myung became a spy for the king. One day, Gwan Myung went to the south of the country on a mission to find any suspicious activities. Gwan Myung came back and reported no strange activities except for one small thing. After a brief silence, he said, "My majesty, the second queen is taking control of the south part of the land. I don't think that is very wise. The land is much too large for one ruler". The king became upset because he had made the decision to give reign to his second queen, but he chose not to punish Gwan Myung. The king recognized that Gwan Myung must have risked his life to question the authority of the king for the country. Even though the king was upset, he promoted Gwan Myung to a better position where he became a very successful politician. Since he got promoted very quickly, people said the he put on a "Bya Rak Gam Too", which means becoming a government official overnight. From this story, we get our proverb "Put on a Bya Rak Gam Too."

Meaning

This proverb is used to note situations in which one is promoted to a higher position without merit.

벼락감투를 쓰다

조선시대 숙종 때 이관명이라는 사람이 있었다. 그는 문무에 모두 뛰어났고 인품 또한 출중했는데 과거에 급제하여 암행어사가 되었다. 암행어사란 임금님의 명을 직접 받는 사람으로 아무도 몰래 백성들의 삶을 살피고 탐관오리들을 색출하여 벌을 주는 역할을 했다.
이관명이 암행어사로 남쪽 지방에 내려간 적이 있었다. 그는 허름한 옷을 입고 민심을 살폈다. 날씨는 덥고 쉴 곳은 마땅치 않았지만 임금님의 명을 받은 암행어사이기 때문에 더위 따윈 신경 쓸 겨를이 없었다. 이관명은 부지런히 민심을 살피고 돌아와 지금까지 보고 들은 것을 소신껏 임금에게 전했다.
"마마, 다른 민심의 문제는 보이지 않았사옵니다. 하오나 한 가지…"
그는 잠시 머뭇거리다 암행어사로서의 직분을 다해야 한다는 생각에서 임금에게 솔직히 아뢰었다.
"통영 아래에 있는 섬이 후궁의 소유라는 항간의 소문이 있어 이를 조사했나이다. 섬을 왕실의 한 사람이 가지는 것은 옳지 않다고 생각합니다."
이관명은 임금님의 눈치를 살폈다. 후궁의 잘못을 아뢰는 일인지라 어쩌면 목숨이 위태로울 수도 있는 상황이었다. 후궁은 왕비 외의 임금의 부인을 말한다. 그러니 그 당시로는 상당히 높은 권력가인 셈이다.
"뭐라고? 내가 후궁에게 준 섬에 대해 감히 신하가 뭐라고 하다니!"

숙종은 화가 나서 목소리를 높였다. 다른 대신들이 있는 곳에서 후궁의 잘못을 아뢰는 이관명이 그리 곱게 보이지는 않았기 때문이었다. 그러나 이관명은 숙종에게 굽히지 않고 강한 어조로 끝까지 아뢰었다. 임금과 맞선 이관명의 목숨이 위태로울 것이라고 신하들은 수군거렸다. 그러나 이관명의 바른 소리는 점점 도를 더해 갔다.

숙종은 가만히 생각해 보았다. 젊은 암행어사가 목숨을 걸고 하고 있는 말이 필경 맞을 것이라 생각했다. 그리고 "그렇다. 내가 너무 성급했느니라. 이관명의 말이 맞다." 하며 그 자리에서 이관명을 부제학으로 임명했다. 벌을 주지 않고 뜻밖에도 더 높은 벼슬을 내린 것이다. 그 후 또 다시 전교를 내려 홍문관 제학으로 제수했고 얼마 뒤에는 호조판서에 임명했다. 이관명은 그야말로 얼마 안 되는 짧은 기간에 벼락이 치듯 빠른 속도로 승진을 거듭하게 된 것이다. 이 이야기에서 '벼락감투를 쓰다'라는 속담이 유래했다.

의미

일정한 과정을 거치지 않고 갑자기 권력이나 위치가 높아진 경우를 비유적으로 이르는 말이다.

Same old Dorumook

In 1592, Japan attacked Joseon. Today, we call this event Im Jin Whe Lan. During this battle, the king of Joseon had no choice but to run away and abandon his country. While the king was hiding, the only meal he could find was a small serving of vegetables served with rice. For several days, the king ate measly. One day, a local fisherman caught a fish and brought it to the king. The fish was called "Mook." The king had never tasted such delicious fish before. The king became angry about the fact that such a delicious fish should have an ugly name like "Mook," so he changed the fish's name to "Eun uh," meaning fish of silver. Eventually, the king found his way back to Han Yang, and back to his country. There, he ordered his servants to find and prepare the delicious Eun uh. To the king's surprise, the fish tasted horrible. Realizing his mistake, the King renamed the fish back to Mook, or Dorumook as we know today. From this story, we get our proverb "Same old Dorumook."

Meaning
Things that you have been trying to build have come to nothing.

말짱 도루묵

1592년 일본이 조선을 침략했다. 이를 임진왜란이라 부른다. 많은 군사를 이끌고 부산으로 쳐들어 온 일본군은 수도까지 밀고 올라갔고, 조정에서는 임금께서 피신하셔야 한다는 의견이 많았다. 한 나라의 임금이 수도를 버리고 피난을 떠난다는 것은 그만큼 나라의 사정이 어렵고 긴박했음을 의미한다. 결국 조선의 14대 임금인 선조는 의주로 피난을 가게 되었다.

선조는 몸과 마음이 모두 피곤하여 지친 상태였다. 한양을 떠난 선조는 피난길에 신하가 마련해 온 수라상을 받았다.

"상감마마, 망극하옵니다. 수라상이 그리 좋지 않사옵니다."

신하는 연신 허리를 굽히며 "황공하옵니다."라는 말만 되풀이했다. 피난처에서의 수라상은 밥에 겨우 채소 두어 가지뿐이었다. 며칠 동안 선조는 매일 채소 반찬 한 두어 가지에 겨우 밥을 먹었다.

그러던 어느 날이었다. 한 어부가 '묵'이라는 생선을 잡아서 선조 앞에 나타났다.

"상감마마, 별로 좋은 음식은 아니오나 이것으로 요기를 하시옵소서."

선조는 어부가 바친 '묵'을 먹어 보았다. 피난생활을 하면서 처음으로 맛있게 먹은 생선이었다. 선조는 생선의 맛에 감탄한 나머지 "세상에 이렇게 맛있는 생선이 있었단 말이냐? 이렇게 맛있는 생선을 '묵'이라는 천박한 이름으로 부르는 건 옳지 않으니 앞으로는 '은어'라고 부르도록 하라."고 말했다. 이렇게 하여 '묵'이라는 이름을 가지고 있던 생선은 '은어'라고 불리게 되었다.

그 뒤 한양을 되찾은 선조는 궁궐로 돌아왔다. 그리고 피난길에 먹었던 생선의 맛을 잊을 수가 없어서 그 생선을 다시 수라상에 올리라고 했다. 수라상에 올라온 '은어'를 맛본 선조는 이맛살을 찌푸렸다.

"예전에는 굉장히 맛있더니 지금은 맛이 아주 형편없구나. 이 정도의 맛이라면 '은어'라고 부르지 말고 도로 '묵'이라고 하는 것이 좋겠다."

그래서 '은어'로 불리던 생선의 이름은 도로 '묵'이라 부르게 되었고 이 말이 나중에는 도루묵으로 바뀌게 되었다. 이 이야기에서 '말짱 도루묵'이라는 속담이 유래했다.

의미

애써 해 놓은 일이 제대로 되지 않았거나 하던 일이 원래대로 돌아가 허사가 되었을 때 비유적으로 쓰는 말이다.

참고 문헌

- 강재철(1980), 『한국 속담의 근원 설화』, 백록출판사.
- 국립국어원, 『표준국어대사전』.
- 박일환(2011), 『미주알고주알 우리말 속담』, 한울.
- 아울북 초등교육연구소(2010), 『마법천자문 고사성어 사전』.
- 우리누리(2010), 『그래서 이런 말이 생겼대요 3』, 길벗스쿨.
- 이기문(1980), 『속담 사전』, 일조각.
- 정종진(2006), 『우리말 속담 대사전』, 태학사.
- 최창렬(1999), 『우리 속담 연구』, 일지사.

- 우리말 배움터 http://urimal.cs.pusan.ac.kr/urimal_new/